STEPHAN GRÜNEWALD

KÖLN
AUF DER COUCH

Die Unzerstörbarkeit
der Sehnsucht

KiWi
KÖLN

Im Andenken an den großen Kölner
Psychologen Dr. Hermann Josef Berk

Inhalt

Die Lebens-Versicherer:
Klüngel, Schotter und Heilsbringer

Entrückte Strategien der
Daseinsbewältigung

Größe und Gemütlichkeit

In meinem Büro hängt ein großes Bild von Köln. Man sieht eine Luftaufnahme der völlig zerstörten Kölner Innenstadt, die höchst wahrscheinlich unmittelbar nach Kriegsende entstanden ist. Erschüttert blickt man in eine schier endlose Trümmerlandschaft, in die sich das einst als eine der schönsten Städte der Welt gepriesene Köln verwandelt hatte. Doch mitten aus diesem Ruinenfeld ragt der Dom. Majestätisch, erhaben und tröstlich dem Schicksal trotzend. Neben dem Dom zieht der Rhein über brüchige Brücken hinweg gelassen seine Bahn. Die Wüstenei der fahlen, zerfallenen Häuser ist in ein goldgelb glänzendes Licht getaucht. Angebrochen ist ein heller, strahlender und neuer Tag. Der Rhein fließt. Der Dom steht – als wolle er alle Sehnsüchte verkörpern, die die Menschen in dieser Stadt und in dieser Welt haben.

Aber Köln ist nicht nur ein Spiegel menschlicher Sehnsüchte, sondern auch die Hauptstadt des Humors. Die Menschen in dieser Stadt glauben verschmitzt an ihre außergewöhnliche Stellung in der Welt. Auf einem kleinen Plätzchen in der Kölner Altstadt steht die vier Meter hohe quadratische Schmitz-Säule. Eine Säule, die nicht nur wegen ihres Urkölner Namens in keiner anderen Stadt stehen könnte. Auf jeder der vier Seiten der Säule finden wir eine Aufschrift von stetig wachsender Bedeutung. Die erste Seite erinnert daran, dass hier vor fast 2.000 Jahren eine Rheininsel lag, auf der die römischen Legionäre mit den Ubier-Mädchen flirteten. Die zweite Seite zeigt die legendäre Hochwassermarke des Jahres 1784 an. Die dritte Seite ist dem Spender der Säule gewidmet: Jupp Engels. In seinem Haus wurden die antiken römischen Steine gefunden, aus denen die Säule errichtet wurde. Auf der vierten Seite schließlich erfährt man von einem weiteren Ereignis, das sich just 1969 – im Jahr der Säulen-Grundsteinlegung – vollzog: „Neil Armstrong betrat als erster Mensch den Mond und war dabei 389.994 km und 100 Meter von unserer Schmitz-Säule entfernt."

Das menschliche Grundproblem

Jeder Kölner oder Immigrant, der irgendwann einmal zufällig an der Schmitz-Säule vorbeigeschlendert ist, wird sicherlich mit einer Mischung aus sentimentaler Rührung und Verblüffung auf die wundersamen dreifachen Gleichsetzungen der Säule reagieren: Jupp Engels und Neil Armstrong werden in einem Atemzug genannt. Vier Meter und fast 400.000 Kilometer treten in einen Vergleich. Und der Mond konkurriert mit einem kleinen, beschaulichen Plätzchen in der Kölner Altstadt. Diese Gleichsetzungen berühren und amüsieren, weil sie ein zentrales seelisches Grundproblem nicht nur der Kölner, sondern aller Menschen aufgreifen: Wollen wir das beschauliche Leben von Jupp Engels oder die Berühmtheit von Neil Armstrong? Wollen wir ein überschaubares und abgemessenes Leben führen oder zu den Sternen aufbrechen? Wollen wir die Heimeligkeit der Altstadt bewahren oder die ungeheure Weite neuer Welten erfahren? Die menschlichen Sehnsüchte nach Größe und Gemütlichkeit stehen sich scheinbar unversöhnlich gegenüber.

Ein Widerspruch, der vor allem in der heutigen Zeit der Globalisierungsanstrengungen, des Leistungs- und Karrieredenkens spürbar wird. Der Wunsch nach Wachstum, nach mehr Rendite, Macht und Größe verlangt den Menschen vieles ab. Sie werden zum Verlassen ihrer angestammten, heimatlichen Lebensräume und bewährten Lebensformen genötigt. Bequemlichkeit, Komfort, Ruhe, Beschaulichkeit und intensiver Lebensgenuss sollen dem Immer-höher-und-immer-weiter geopfert werden. Bleibt man der Muße und Gemütlichkeit treu, hält man an alten Bindungen und Gewohnheiten fest, belässt man es dabei, das Leben intensiv auszukosten, setzt man seine Ambitionen aufs Spiel. Wer nicht hochtourig das Hamsterrad des Arbeitslebens dreht, gerät ins Abseits.

Aber vielleicht gibt es doch einen Ausweg aus diesem Dilemma. Vielleicht sind Erfolgreichsein und Lebenkönnen, Großrauskommen und Selbstgenügsamkeit doch keine Widersprüche. Vielleicht ist gerade die Schmitz-Säule ein Sinnbild für diese Quadratur des Kreises und damit für die kölsche Lebensart.

Die Kaffeebud

Die Schmitz-Säule ist ein Sinnbild für die zwei Seelen in der Brust des Kölners. Man kann sie Engels und Armstrong, Größe und Gemütlichkeit nennen, oder einfach Kaffeebud und Metropole. Zunächst zur Kaffeebud: Sie soll gemütlich und heimelig sein. Der eigene Lebensraum soll überschaubar sein. Man will sich auskennen und sich in einem umschlossenen Rahmen aufgehoben fühlen. Das Dasein in der Kaffeebud soll – wie es das Lied von den Bläck Fööss ebenso hymnisch wie kongenial zum Ausdruck bringt – ein sicherer Garant sein für stetige Beständigkeit und Ungezwungenheit. In der Kaffeebud findet man alles, was man zum Leben braucht: Gemeinschaft, Unterhaltung und Verpflegung. Fragt man die Kölner nach den Vorzügen ihrer Stadt, werden vor allem die nährenden und versorgenden Seiten der Stadt genussvoll beschrieben. Blutwurst, Kölsch und ein „lecker" Mädchen werden als Inkarnationen kölscher Lebensart besungen oder genossen. In der Kaffeebud verzehrt man sich buchstäblich nach Köln.

Die Kaffeebud wird geliebt und freudig aufgesucht, weil sie den Menschen eine doppelte Entlastung bietet. Sie befreit vom Zwang der Etikette. Man kann sich gehen lassen, denn das Leben spielt sich hier auf einem denkbar unkomplizierten, manchmal unfeinen, aber immer einfachen Level ab: Hier bin ich Mensch und ab und zu mal Schwein („un schödden sich dä Kaffee en d'r Kopp …"). Die Kaffeebud schafft aber auch eine Ritualisierung und Rhythmisierung des Lebens. Man kann sie immer wieder aufsuchen, stets das Gleiche be-

stellen und darauf bauen, auch immer wieder den gleichen Menschen zu begegnen.

Die Kölner übertragen diese Kaffeebud-Seligkeit auf die gesamte Stadt: Ungezwungen Beieinanderstehen, Quatschen und Trinken bestimmen den kölschen Lebensraum. Köln besteht aus einer Vielzahl von Veedeln, die psychologisch betrachtet ausgedehnte Kaffeebuden sind. Und in diesen Veedeln sprießen und gedeihen die Kneipen, Cafés, Kioske und vor allem die Büdchen. Es gibt wohl keine andere Stadt in Europa, die eine solche Dichte dieser grundversorgenden Gesellungsbiotope aufweist. In einer meiner früheren Wohnungen in der Moltkestraße hatte ich im Umkreis von 50 Metern die Auswahl zwischen fünf begehbaren Kiosken. Alle wurden rege frequentiert, um kleine Ergänzungskäufe zu tätigen oder sozial aufzutanken.

Die Kaffeebud ist somit ein kleines Abbild des Schlaraffenlandes. Ein kleines Versorgungsparadies, in das die Menschen immer wieder eintauchen können, das sie auffängt, nährt, wärmt und bewegt. Sie bringt uns in einen seligen Zustand der Pflicht- und Selbstvergessenheit, der mit dem Kauf einer Flasche Bier oder einer Packung Zigaretten quittiert und verlängert wird. In den sentimental-wehmütigen Erinnerungen vom alten und schönen Köln wird vor allem diese Kaffeebud-Heimeligkeit heraufbeschworen: das sehnsuchtsvolle Ideal eines intakten, harmonischen, aber auch weitgehend aufwandslosen und selbstgenügsamen Lebens.

Das Gästeklo

Die Kehrseite dieser heimeligen und aufwandslosen Selbst-
genügsamkeit, der Preis des Sich-gehen-Lassens ist die be-
rüchtigte und traditionelle Schmuddeligkeit Kölns: Kalkutta,
Konstantinopel und Köln galten im ausgehenden Mittelalter
als die schmutzigsten Städte der Welt. Die Kaffeebud ist
kein Ort blitzender Hygiene und resopaler Reinlichkeit.
Gemütlichkeit und Heimeligkeit benötigen den Charme des
Unaufgeräumten und die Patina des Verlebten. Darum sind
Krankenhäuser auch nicht gemütlich. Und darum finden
Partys ihren Ausgangspunkt und sozialen Nährboden auch
in der wuseligen Küche und nicht im akkurat aufgeräumten
Wohnzimmer.

Auch die Tiefeninterviews, die mit den Kölnern zu Hause
durchgeführt wurden, fanden meist in der Küche statt. Denn
in einer solchen Sphäre fällt es den Menschen leichter, den
eigenen Schrägheiten, Schrulligkeiten oder Schlüpfrigkeiten
nachzugehen. Perfekte Ordnungen und keimfreies Ambiente
nehmen der Seele ihren Entfaltungs- und Entwicklungsspiel-
raum. Auch sprachlich zeigt sich die Kölner Mundart als
derb oder von deftiger Herzlichkeit. Bennack verweist auf
den deutlichen „Hang zur Fäkalsprache". Er führt in diesem Zusammenhang das Kölner „Kackleed" an („Loss m'r
ens e Leedche vum Kacke singe …") und erwähnt die vielen
Sprichwörter im Zusammenhang mit „Futz" (Furz) und
„futze": „Dä well haat Fütz loße un hät et Aaschloch nit der-
zo". (Er will Fürze lassen und hat das Arschloch nicht dazu.)
(Bennack/Uhlenbruck, 2004, S. 57) So bezeichnet Wrede in

seinem kölnischen Sprachschatz jemanden, der nach Höherem strebt, ohne dazu die Kompetenzen zu besitzen.

Bennack kommt zu dem feinsinnigen, psychologischen Schluss: „Bei allen ‚Igitt!'-Gefühlen sollten wir uns aber klarmachen, diese manchmal tabubrechenden Grobheiten umgehen zwar Konventionen, aber sie erschließen demaskierend die Wirklichkeit." (Bennack/Uhlenbruck, 2004, S. 58)

Die gemütliche Zwanglosigkeit, die Köln ausstrahlt, zeigt sich darin, dass es viele Kölner in den Tiefeninterviews völlig normal finden, „die Brötchen auch mal im Morgenmantel oder in der Jogginghose zu holen", was in Städten wie Düsseldorf oder Hamburg undenkbar wäre.

In der Kölner Altstadt findet man auf einem Dachgiebel den „Kallendresser", ein kleines, steinernes Männchen mit entblößtem Hinterteil, das wohl seine Notdurft in der Dachrinne erledigt. Diese Figur bringt die Haltung der Kölner zur übertriebenen Hygiene auf den Punkt: Sie geht ihnen am Arsch vorbei. Die Reinlichkeitserziehung wird nach Sigmund Freud und Norbert Elias durch den Verlust der Ungezwungenheit und Unmittelbarkeit zu den eigenen Produktionen ‚erkauft'. Die eigenen Körperausscheidungen werden tabuisiert, fremd und mit Ekelgefühlen belegt: Was uns früher in Kindertagen duftete, stinkt uns jetzt. Das kann im Extrem dazu führen, dass die natürlichen Ausscheidungsprozesse, die die Natur sinnigerweise mit Lustgefühlen verbunden hat, unlustvoll und unbehaglich werden. In Köln ist man jedoch nicht bereit, der Zivilisation komplett die Lust am Sich-gehen-lassen-Können und Sichöffnen zu opfern. Wieso aufwendig Toilette machen, wenn man sich einfach parfümieren kann? Köln schafft auch in puncto Sauberkeit die Quadratur des Kreises: Sie ist gleichzeitig als Schmuddel-Stadt die Quelle des Schmutzes und als 4711-Stadt die weltbekannte Wiege des kölnischen (Duft-)Wassers.

Die ebenso moderne wie extremisierte Gegenposition zum Kölner Kallendresser nimmt heutzutage das Gästeklo vor allem in vornehmen oder neureichen Kreisen ein. Es ist mitunter der prunkvollste und edelste Raum im ganzen Haus. Kultiviertheit wird mit goldenen Armaturen, stilvollen Lampen, edlem Marmor, erlesenen Parfümflakons demonstriert. Vordergründig verkündet das Gästeklo auch, dass der Gastgeber begütert ist und dass ihm das Wohlbefinden seiner Gäste etwas wert ist. Allerdings wird jedem, der einmal versucht hat, sich auf dem Gästeklo ,einzurichten', die hintergründige Perfidie dieses glanzvollen Örtchens deutlich. Sie dient dazu, den Gast zu disziplinieren. Er wird quasi an die goldene Etikette gelegt. Denn der ganze Raum verströmt eine Noblesse und Akkuratesse, die zum Maßstab für die eigenen Produktionen wird. In diesem Raum, so die geheime Aufforderung, darf nur geglänzt werden. Jeder Furz stört nur das angenehme Raumklima, die Notdurft beleidigt die kunstvolle Keramik und das Händewaschen schändet dann auch noch das blitzblanke Becken und das Abtrocknen das strahlend weiße und allenfalls tischserviettengroße Handtuch. So wird letztendlich erfolgreich verhindert, dass der fremde Gast auf dem eigenen Klo heimisch wird, sich ausbreitet und in wohliger Gemütlichkeit seine Eigenheiten und Eigengerüche ausdünstet. Die Verweildauer in den hochpolierten Gästeklos ist daher auf ein existenzielles Minimum beschränkt. Der Gast verrichtet schnell, was zu verrichten ist, und kehrt dann ebenso unverrichteter Dinge wie unzufrieden ins Wohnzimmer zurück. Um den finalen Beweis seiner Kultiviertheit zu erbringen, sieht er sich dann noch genötigt, den unübertrefflichen Geschmack des Gastgebers zu preisen.

Der Kölner sucht eine gesunde Mitte zwischen dem alten Kallendresser und dem modernen Gästeklo. Auf die Frage, wie viel Zivilisation das Leben braucht und wann die Zivilisation in lebensferne Zwanghaftigkeit umschlägt, findet der Kölner – psychologisch betrachtet – eine saubere Lösung. Er lässt Fünfe gerade sein und ist bereit, Schmutz und Unflätiges zu erdulden, solange es die eigene Lebensfreude fördert oder zumindest nicht beeinträchtigt. Mit anderen Worten: Der Kölner nimmt zwar heute ein Blatt für den Hintern, aber immer noch kein Blatt vor den Mund.

Die Metropole

Aber wie die Schmitz-Säule hat auch die Kölner Seele mehr als eine Seite und ist auf keinen Fall dazu bereit, sich auf eine schmuddelig-lebensfrohe Kaffeebud-Seligkeit reduzieren zu lassen. Köln will mehr sein, mehr als andere Städte und mehr als es selbst. Köln will über sich und seine Gemütlichkeit hinauswachsen. Köln will sich herausputzen und eine außergewöhnliche Stellung einnehmen. Köln muss etwas Besonderes sein, auf jeden Fall bedeutender als Bonn oder Düsseldorf und insgeheim auch besser als Berlin, Hamburg oder München. Unverzichtbar ist das Attribut Millionenstadt und die Kölner wären sicherlich zu selbstlosen Zeugungs- oder Einbürgerungsoffensiven bereit, wenn dieser Status einmal gefährdet wäre.

Aber es reicht nicht, Millionenstadt zu sein. Noch besser ist es doch, die Medienstadt, die Messestadt oder die Kunstmetropole zu sein. Und natürlich die Stadt des Karnevals, die toleranteste Stadt der Welt, die in den 90er-Jahren die größten Demonstrationen gegen Ausländerfeindlichkeit initiierte und die heute den Christopher Street Day unvergleichlich als schrill-sinnliche und lebensberstende Schwulenparade zelebriert. Doch letztlich ist das alles nicht genug, Köln ist „dat Hätz vun d'r Welt". Geschichtliche Manifestationen dieses kölschen Größenwahns sind das gewaltige und kaum vollendbare Domprojekt, in jüngerer Zeit die imposante und kaum finanzierbare Kölnarena oder das gewichtige Museum Ludwig.

Die Geschichte Kölns untermauert ihren Metropolen-Anspruch: Bereits die ersten drei Jahrhunderte nach Christus sicherte Köln als bedeutender Vorposten Roms mit ca. 40.000 Einwohnern die Rheingrenze des Römischen Reiches. Die Erhebung zu einer Stadt, zur Colonia Claudia Ara Agrippinensium, verdankt Köln der hier geborenen Agrippina, deren Sohn Nero als Kaiser später traurige Berühmtheit erlangte. Im ausgehenden Mittelalter war Köln nicht nur die größte, sondern auch die wirtschaftlich und kulturell bedeutendste Stadt Deutschlands. Vor allem war Sancta Colonia über Jahrhunderte das Sehnsuchtsziel zahlloser Pilgerströme, da vor allem der Dom-Torso atemberaubende Heiligtümer barg: ein prachtvolles Gemmenkreuz, in dem sich ein Splitter vom Kreuz Jesu befand, der Stab des obersten Apostel Petrus und

ein sagenhafter Goldschrein mit den Gebeinen der Heiligen Drei Könige.

Die Größe, Bedeutung und die Einzigartigkeit Kölns werden heute in immer neuen Liedern besungen und in immer neuen Geschichten oder Meldungen beschworen. Auch in vielen Kölner Witzen klingt der Anspruch der Kölner an, ein bedeutendes und auserwähltes Volk zu sein: Als der liebe Gott die Dialekte auf der Welt verteilte, gab er den Schwaben das Schwäbische. Den Bayern schenkte er dann das Bayerisch, den Sachsen das Sächsisch. Bei den Kölnern hatte er einen kreativen Durchhänger. Nach einer ganzen Weile fruchtloser Überlegung entschied er daraufhin: „Mir fällt partout nichts ein, sprecht doch erst mal so wie ich."

Ein beständiges Ausdrucksfeld der kölschen Großmannsucht ist der Fußball oder besser gesagt die Wiederauferstehungsambitionen des 1. FC Köln, der ja nach Kölner Lesart eigentlich in die Champions League gehört. Eine Anekdote aus dem Jahre 2006 verdeutlicht das ungebrochene Selbstwertgefühl der Kölner: Kurz bevor der zum Messias auserkorene Christoph Daum Trainer in Köln wurde, geisterte der Name Jürgen Röber durch die Gazetten. In einer Zeitungskolumne wurde diesem Kandidaten zugutegehalten, dass es ihm gelungen sei, Berlin in die Champions-League-Region zu führen. Zulasten gelegt wurde ihm, dass er es dann doch nicht geschafft hat, die Mannschaft weiter – das heißt zur Meisterschaft – zu bringen. Dass er auf den vorderen Plätzen der Bundesliga stagnierte. Daher wäre er allenfalls eine Zwischenlösung und nicht für einen längeren Zeitraum als Trainer für Köln geeignet.

Als diese Kolumne verfasst wurde, spielte der 1. FC Köln übrigens in der zweiten Bundesliga und war von der Meisterschaft so weit entfernt wie die Schmitz-Säule vom Mond.

Die kunstvolle Kölner Lebensstrategie

Die zwei widerstreitenden Seelen in der Brust der Kölner – Metropole oder Kaffeebud, prunkvolles Gästeklo oder ungezwungener Kallendresser – verweisen auf ein grundsätzliches, menschliches Lebens- oder Entwicklungsproblem: Entscheidet man sich für ein gemütlich-beschauliches Leben, dann muss man seinen Anspruch auf Größe und Bedeutung aufgeben. Will man sich herausputzen und an seiner Größe arbeiten, dann muss man seine vertraute Gemütlichkeit opfern.

Für welche Seite man sich entscheidet, was man auch tut – ein Ziel muss untergehen. So verlangt es nun mal die Arithmetik des Lebens. Das Leben führt die Menschen immer wieder in ein Entweder-oder. Und die Seele muss viele Kräfte und Widerstände aufbieten, um in diesem ewigen Widerstreit der Wünsche eine klare Entscheidung oder zumindest einen Kompromiss zu finden.

Die Kölner Mentalität fasziniert auch die Nichtkölner, weil sie scheinbar einen einzigartigen Ausweg aus diesem zentralen Lebensdilemma anbietet: die virtuose Realisierung des Sowohl-als-auch, das Leben in der Metropole mit Kaffeebudencharme. Wie das genau vonstattengeht, mit welchen Lebensstrategien die Kölner dies bewerkstelligen, ist das Thema dieses Buches. In den nächsten Kapiteln werden daher die psychologische Finesse und die konstruktive Mehrdimensionalität der Kölner Lebensbehandlung veranschaulicht. Es soll dabei nicht um die Entwicklung der Kölner Mentalität im Laufe ihrer Geschichte gehen. Diese sozial-historische Perspektive hat unter anderem bereits Jürgen Bennack in seinem lesenswerten Buch „Kölner Mentalität – Wie mer esu woodte wie mer hück sin" behandelt. Ziel des Buches ist auch nicht die folkloristische Ausbreitung kölscher Eigenarten und Lebensweisheiten. Hier existiert bereits ein schier unerschöpflicher Schatz an Büchern, Abhandlungen, Artikeln, Liedern und Anekdoten. Im Zentrum steht vielmehr der psychologische Wirkungszusammenhang der unterschiedlichen Faktoren, die die Kölner Mentalität prägen. Mit anderen Worten: Die psychologische Architektur der Kölner Seele soll freigelegt und so ein tieferes Verständnis der Kölner Lebenskunst erreicht werden. Denn sie, diese kölsche Kunst des Lebens, kann dazu anregen, die eigenen Lebensmaximen und Lebensstrategien zu überprüfen – getreu dem Motto „Von Köln lernen heißt leben lernen".

Allerdings will ich mit diesem Buch auch kein Öl bzw. Kölsch ins Feuer der flammenden kölschen Selbsterhöhung gießen. Der analytisch-wohlwollende Couch-Blick auf die Kölner Kultur zeigt nicht nur ihre Leistungen und Chancen, sondern auch ihre Kehrseiten und Begrenzungen. Sie dringt in die Geheimnisse ihrer Seele ein und macht sich auf die Suche nach dem eigentlichen Sinn und Zentrum der Kölner Sehnsucht. Denn eine Kultur wirklich zu lieben heißt nicht, sie zu verklären, sondern sie auch in ihren Schwächen anzunehmen und (an)zuerkennen.

Zur Intention und Methode des Buches

In meinem Buch „Deutschland auf der Couch" habe ich den Glücksabsolutismus beschrieben, mit dem die Gesellschaft heute dem Leben begegnet. Viele Menschen hoffen bereits auf Erden auf ein paradiesisches Vollkaskoleben. Sie ignorieren die Flüchtigkeit und Relativität, die dem Glück innewohnt, und streben ein erfülltes und perfektes Leben an, in dem man auf Knopfdruck von Höhepunkt zu Höhepunkt springen kann. Ein Leben ohne Mühe und Verzicht, ohne Risiko und Schuld, ohne Schicksalswillkür oder Entwicklungsnotwendigkeit.

Der moderne Glücksabsolutismus macht die Menschen jedoch nicht glücklich. Ständig sind sie unzufrieden und enttäuscht, denn das normale Alltagsleben ist immer noch kleinschrittig, widerständig, aufreibend und in höchstem Maße unvollkommen. Diese Unvollkommenheit wird sich selbst und dem eigenen Leben angekreidet. Viele Menschen halten an ihrem Anspruch fest und wollen ihr Glück erzwingen. Dieser Wille zur Glücksmaximierung und zur Perfektion fordert einen hohen Preis: Unablässig hetzen sie dem möglichen Glück hinterher – dem nächsten Karriereschritt, dem schnittigeren Wagen, dem tolleren Outfit, der höheren Gehaltsklasse, dem besseren Partner. Das baldige Glück vor Augen, ist das ganze Leben einem Effizienzdiktat unterworfen. Immer mehr Arbeit soll in immer kürzerer Zeit bei immer höherer Rendite erledigt werden.

Der Alltag verwandelt sich in ein gigantisches Hamsterrad, das sich schneller und schneller dreht und immer atemloser macht. Dabei betreiben die Menschen zwar einen ungeheuren Aufwand, kommen aber nicht wirklich von der Stelle. Die Tage werden vollgepackt mit Aktionen, aber am Abend wissen sie gar nicht mehr, was sie wirklich getan haben und welchem Sinn sie gefolgt sind. Dieser Zustand lässt sich als ‚bewegte Erstarrung' oder ‚rasender Stillstand' charakterisieren. Sinn und Sinnlichkeit, Gemeinschaft und Genuss verlieren sich. Denn das Hamsterrad lässt keine Zeit zum Nachdenken, für Zweifel oder für die eigene Sehnsucht. Es zwingt in einen Zustand besinnungsloser Betriebsamkeit, der zunehmend unzugänglich macht für die Leiden und Freuden des Alltags.

Mit diesem Buch über die Kölner Mentalität will ich dem überspannten deutschen Glücksabsolutismus einen entspannenden und mitunter beglückenden Lebensrelativismus gegenüberstellen. Denn in Köln wird eine Lebenshaltung gepflegt, die lebensfeindliche Glücks- und Perfektionsideale sabotiert, die den Menschen als unvollkommenen Jeck oder behindertes Kunstwerk betrachtet und die Welt als ein charmantes Provisorium ansieht, das mal die Gemütlichkeit einer Kaffeebude ausstrahlt und sich mal zur Bedeutung einer Metropole aufschwingt. Köln bewahrt in der erwachsenen und globalisierten Vernunftswelt eine kindliche Perspektive und erhält sich den seelischen Freiraum, Fehler zu machen, zu träumen und den Alltag genussvoll auszukosten.

Zugrunde liegen diesem Buch siebenhundert zweistündige psychologische Tiefeninterviews, die das rheingold-Institut in den letzten Jahren mit Kölnern durchgeführt hat. Neben zwei eigenen Studien zur Kölner Mentalität sind die Ergebnisse von zahlreichen Auftragsstudien – vom Medienverhalten über das Image und den Stellenwert des Kölschs bis hin zur Beziehung der Kölner zum 1. FC Köln – in die Analyse eingeflossen. In diesen Studien sind die Kölner von rheingold-Psychologen sozusagen auf die Couch gelegt worden. Ihr Lebensgefühl, ihre geheimen Sehnsüchte und Ängste kamen unzensiert zur Sprache, weil die Interviews einen Rahmen eröffnen, in dem auch peinliche oder sozial unerwünschte Sachverhalte angesprochen werden können. Die Analyse des gesamten Materials folgte dabei dem Konzept der morphologischen Psychologie, die an der Universität in Köln entwickelt wurde.

Die verrückten Formen der Lebenskunst

Gekonnte Unentschiedenheit

In einem Kölner Brauhaus erlebte ich vor einigen Jahren eine ebenso kleine wie typische Anekdote, die auf einen Grundzug der Kölner Mentalität verweist: Ich saß mit ein paar Bekannten in der Vorweihnachtszeit gemeinsam am Tisch. Wir hatten bereits einige Kölsch getrunken, als eine Gruppe von Menschen in den Saal trat, die alle rote Nikolausmützen auf den Köpfen trugen. Ein ortsfremder Gast fragte den Köbes, was es mit dieser Kostümierung auf sich habe. Der Köbes wiegte seinen Kopf hin und her und resümierte dann bedächtig: Das Problem in Köln sei ja, dass Weihnachten mitten in die Karnevalssession fallen würde. Mit einem Fingerzeig auf die karnevalesken Nikolausmützen schloß er: „Das greift hier ineinander ..."

Die Wahl zwischen Metropole und Kaffeebud oder zwischen Kirche und Karneval muss also in Köln nicht klar und eindeutig ausfallen. Köln ist die Hochburg der Misch- und Kompromissformen. Ein wesentliches Gestaltungsprinzip der Kölner Kultur ist es, den strukturellen Konflikt zwischen hochtrabendem Anspruch und karnevelesker Gemütlichkeit nicht zu entscheiden und sich damit beide Optionen offenzuhalten. Die Kölner haben eine gekonnte Unentschiedenheit entwickelt, die es ermöglicht, eigentlich Unvereinbares nebeneinander stehen zu lassen: Größe und Behaglichkeit, Kirche und Karneval, Tünnes und Schäl, Römisches und Germanisches.

Die Kölner Kultur ist dadurch geprägt, dass man sich nicht entscheiden muss und vor allem nicht endgültig für eine Sache einsetzen kann, weil man sonst das geliebte Als-auch aufs Spiel setzen würde. Die gekonnte Unentschiedenheit macht die Kölner zu Meistern des Verhandelns, Lavierens und Taktierens. Durch das Offenhalten eigentlich unvermittelbarer Positionen sind sie prädestiniert für die Kunst der Diplomatie, die sie im Alltag auch immer wieder geschickt einsetzen.

Hier bietet sich Konrad Adenauer als Lehrmeister an: Zu seiner Zeit als Oberbürgermeister drohten revolutionäre Arbeiter- und Soldatenräte die Stadtpolitik zu übernehmen. Seine Reaktionsweise darauf ist bemerkenswert: „Um eine Revolution zu machen, brauchen Sie Schreibmaschinen. Sie haben keine, ich habe welche. Hier mein Vorschlag: Kommen Sie mit Ihrem Stab in das Rathaus, ich gebe Ihnen Räume, Schreibmaschinen und das nötige Personal." (Poppinga, 1970, S. 164) Durch dieses Angebot war Adenauer natürlich stets über die Planungen der Revolutionäre im Bilde. Aber er ging noch weiter: Um seinen Einfluss auf ‚die Roten' zu sichern, ließ er sich zum Chef ihres Sicherheitsausschusses machen. Zudem stellte er ihnen sein Amtssiegel zur Verfügung, erwirkte aber als Gegenleistung, dass die rote Fahne nicht auf dem Kölner Rathaus gehisst wurde.

Mitunter wird diese Diplomatie und Unentschiedenheit den Kölnern als Faulheit ausgelegt. Psychologisch betrachtet steckt in diesem ständigen Offenhalten jedoch eine schwere und fortwährende seelische Arbeit. Viel mehr Arbeit als die schnelle Entscheidung: Sie verlangt zwar eine kurze, vehemente und komprimierte Entscheidungsschlacht, danach aber herrscht Ruhe an allen Fronten. Das Offenhalten und Vermitteln ist dagegen eine ewige Aufgabe. Immer wieder aufs Neue muss eine situative Befriedung, ein momentaner Kompromiss austariert werden. Die Kölner sind daher nicht untätig, träge oder faul. Sie agieren nur mit einem unverfänglichen, das heißt nicht endgültig festlegenden Einsatz, getreu ihrer im Karneval hymnisch besungenen Lebensgleichung: „3 x 0 = 0". Hier präsentiert sich das Leben als Nullsummenspiel: Das ist ebenso beruhigend wie entspannend, denn in der Kölner Lebensrechnung gibt es weder etwas zu gewinnen noch etwas zu verlieren.

Diese Scheu, grundsätzliche Lebenskonflikte so oder so zu entscheiden, eine Seite zu wählen und ohne Rücksicht auf Verlust Partei zu ergreifen, prägt den ganzen Lebensalltag der Kölner. Das kölsche Credo lautet: „Dun mer nix, dann dun ich dir och nix." Dieses Leben-und-leben-Lassen impliziert aber auch: Wenn man eine Sache nicht herrisch ergreift, sie ganz für sich beansprucht, dann kann sie einem auch nicht genommen werden. Zwar besitzt man sie dann auch nicht, sie bleibt aber erhalten als bloße Möglichkeit.

Diese Strategie wird dem Kölner häufig als Wankelmütigkeit ausgelegt. Dieser Vorwurf ist zwar als Beschreibung korrekt, verkennt aber, dass das Wankeln ebenso wie das Klüngeln von einem Wissen um die Ambivalenzen des Lebens getragen ist. Das Leben ist eben nicht klar und eindeutig, sondern widersprüchlich, doppelbödig, tragikomisch und paradox. Dies zu erkennen und anzunehmen erfordert Mut – Wankelmut.

Allerdings verlangt auch die Offenheit und Unentschiedenheit ihren Preis. Denn seelische Entwicklungen drängen nun mal auf Festlegung, Bestimmung und Ausgestaltung. Die Welt steht nicht still. Irgendwann ist das Spiel aus und man sitzt mit leeren Händen da. Selbst die Hinterhand bleibt blank, weil man den Zeitpunkt endgültig verpasst hat, eine Entscheidung zu treffen und beherzt zuzugreifen.

Die Geschichte von Jan und Griet

Auf diesen Punkt, an dem die gekonnte Unentschiedenheit in die verpasste Gelegenheit umspringt, verweist die Kölner Geschichte von Jan von Werth und Griet: Jan, ein einfacher Knecht, liebt die Magd Griet. Er umwirbt die Angebetete und macht ihr einen Heiratsantrag. Aber Griet lehnt ab. Sie sehnt sich nach einem besseren Leben, hofft auf einen Mann, der Geld hat und ihr etwas bieten kann und sie von ihrem Magddasein erlöst. Sie will den Metropoliten, nicht den Knecht.

Jan ist verletzt und enttäuscht. Aber er befreit sich aus seiner seelischen Beklemmung, indem er den engen Hofkreis verlässt und buchstäblich das Weite sucht. Der Stachel der Kränkung treibt ihn zu einer großen militärischen Karriere. Als dekorierter Reitergeneral kehrt er nach langen Jahren im Triumphzug nach Köln zurück. Griet wohnt diesem Schauspiel nichts ahnend bei. Sie sitzt am Straßenrand. Immer noch unverheiratet, immer noch Magd und vielleicht immer noch voll leiser glimmender Sehnsucht. Sie hebt ihren Kopf und blickt auf den prächtigen Reiter und erkennt in ihm ihren Jan, der auch sie erkennt und vor ihr sein Pferd zum Stehen bringt und sagt: „Griet, wer et hätt jedonn!" (Griet, hättest du es doch getan!). Und sie antwortet ihm wehmütig: „Jan, wer et hätt jewoss!" (Jan, wer konnte das wissen!)

Mit dem Jan-von-Werth-Brunnen ist dieser Geschichte ein Denkmal gesetzt worden. Es gemahnt daran, dass Köln immer Gefahr läuft, durch seine Unentschiedenheit Chancen zu verpassen. Aber unweit dieses Brunnens wird jedes Jahr zur Karnevalszeit das Dreigestirn proklamiert. Das Dreigestirn fasst – psychologisch betrachtet – in seinen Figuren die ganze Geschichte zusammen: Denn es besteht aus dem Bauer(sknecht), der Jungfrau und dem Prinzen. Der Bauer versinnbildlicht den Knecht Jan. Er wird in Köln auch seine Deftigkeit genannt und verkörpert die genuss- und sinnenfreudige Kaffeebud-Seele der Kölner. Der Prinz repräsentiert den erfolgreichen General, also den Metropoliten oder die Metropolen-Seele der Stadt. Beide sind letztlich eine Person in unterschiedlichen Entwicklungsstufen – der frühe, deftigbäuerliche Jan und der spätere, erfolgreiche, prunkvolle Jan.

Jan als General

Jan als Soldat
oder
Griet als Magd

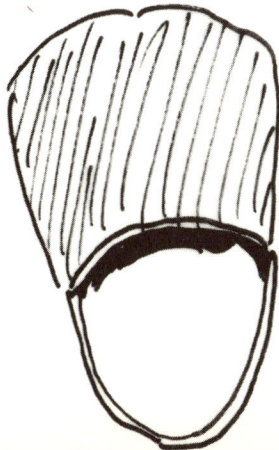

Jan als Knecht

Die frohe und tröstliche Botschaft des Dreigestirns ist, dass man vom Bauern zum Prinzen werden kann, aber nicht muss. Denn beide Figuren stehen gleichberechtigt nebeneinander – wie die beiden Seelen Kölns. In anderen Städten wie zum Beispiel Düsseldorf existiert der Bauer nicht, dort gibt es nur ein Prinzenpaar. Dort wird also nur das prunkvolle Erfolgsprinzip gefeiert. Die Deftigkeit der Kaffeebud wird dem Prinzen bzw. dem Erfolgsanspruch geopfert.

Aber welche Bedeutung hat die dritte Figur – die Jungfrau? Auf den ersten Blick verkörpert sie natürlich die Griet. Sie repräsentiert die kölsche Sehnsucht nach einem besseren Leben. Eine Sehnsucht, die sich durch Hoffen und Abwarten erfüllen soll. Aber anders als die Griet in der Geschichte hat die Jungfrau ihre Chance nicht verpasst, sondern steht gleichberechtigt und erfolgreich neben Prinz und Bauer. Dieser Widerspruch löst sich auf, wenn man eine Besonderheit der Kölner Jungfrau in den Blick nimmt: Sie ist ein Mann. Und man sollte nicht davon ausgehen, dass es sich dabei um einen Zufall oder ein historisches Relikt handelt, vielmehr um eine sinnvolle Fügung. Nimmt man an, dass die Jungfrau eine Doppelgestalt ist, wird das tiefere Geheimnis des Dreigestirns offenbar: Einerseits ist die Jungfrau die Griet, die ihr Schicksal durch Abwarten wenden will, andererseits ist sie Jan, der für Aufbruch, Entschiedenheit und Kampfeswillen steht.

Die männliche Jungfrau repräsentiert die zwei typischen Möglichkeiten, wie man diese tolle Verwandlung vom Bauern zum Prinzen vollziehen kann: entweder durch sehnsuchtsvolles Abwarten à la Griet oder durch tatkräftiges Zupacken à la Jan. Es gehört zum Charme der Kölner Seele, dass diese beiden Optionen gleichberechtigt nebeneinander stehen bleiben. Dem Kölner stehen also bei der Verwandlung vom Bauern zum Prinzen beide Wege offen. Die tröstliche Pointe dabei ist: Wenn das unentschiedene Abwarten alleine nicht weiterhilft, dann ist der Kölner in der Lage, aktiv und zupackend sein Schicksal zu wenden. Mitunter muss er jedoch – wie Jan – in einer scheinbar ausweglosen Klemme stecken, um diese entschiedene Tat zu vollziehen.

Teilnahmslose Wohlgefälligkeit

Es gehört nicht zur Kölner Mentalität, sich um jeden Preis einzumischen. Gezielte und nachdrückliche Auseinandersetzungen werden gerne vermieden. Bennack bemerkt, dass Kölner deshalb „auch manches unerledigt [lassen]. Streitfälle, z. B., werden gerne überspielt und nicht geklärt, eine Festlegung könnte ja böses Blut machen und zudem auch unverhältnismäßig sein." (Bennack/Uhlenbruck, 2004, S. 66) Dies hat einer grundsätzlichen Lebenshaltung der Kölner Vorschub geleistet, die häufig als anarchisch stilisiert wird, aber angemessener als ‚teilnahmslose Wohlgefälligkeit' zu beschreiben ist: Die Kölner beherrschen die Kunst, sich von einer distanziert beschaulichen Warte die seltsamen Wendungen und Drehungen des Alltags zu Gemüte zu führen.

Als Beispiel sei hier der Kölner Taxifahrer erwähnt, der mich nach einer zehntägigen Schweizreise vom Flughafen nach Hause gebracht hat. Als wir an einer Ampel in der Innenstadt hielten, sah der Taxifahrer, wie ein Jugendlicher eigenmächtig ein öffentliches Plakat abriss. Das gleiche Ereignis hätte in der Schweiz den eidgenössischen Taxifahrer zu rigiden Sanktionen veranlasst. Er wäre vielleicht aus dem Auto gesprungen und hätte dem jungen Mann klargemacht, dass dieses Plakat der Allgemeinheit gehöre und auf keinen Fall entfernt werden dürfe. Der Kölner Kollege blieb jedoch ruhig sitzen, sah sich die Ordnungswidrigkeit interessiert an, wiegte den Kopf bedächtig hin und her und kommentierte schließlich in breitem Kölsch: „Dä es sich do jet am avrieße …"

Neudeutsch könnte man sagen, der Taxifahrer wäre cool geblieben. Aber seine wohlwollende Abgeklärtheit hat nichts mit der coolen Gleichgültigkeit zu tun, die seit den 90er-Jahren eine Haltung in unserer Gesellschaft geworden ist. Die coole Gleichgültigkeit versucht, die Welt aus einer abgehobenen und kühl-distanzierten Beobachterposition zu betrachten. Was man sieht, geht den Betrachter nichts an, und es geht ihm auch nicht wirklich nahe, die Welt ist eine Art Fernsehspiel. Wenn mir etwas nicht passt, dann wechsle ich einfach das Programm, zappe zum nächsten Sender oder surfe zur nächsten Seite. Das geheime Ziel der coolen Gleichgültigkeit ist die Vermeidung von Betroffenheit, seelischem Schmerz und von Schuldgefühlen. Das gelingt aber nur, wenn man alle Gültigkeiten negiert, wenn man alles, was einen berühren, belangen, was einem nahegehen könnte, ausschaltet. Die coole Gleichgültigkeit setzt eine seelische Relativitätstheorie voraus: Alles ist relativ, alles ist gleichermaßen wahr und unwahr. Die Welt zerfällt in 1.000 belanglose Einzelwahrheiten. Woran die Eltern damals glaubten, hat sich als genauso falsch erwiesen wie der Glaube der Großeltern. Es gibt keine verbindlichen Wahrheiten mehr, für die man sich einsetzen oder kämpfen könnte. Alles ist gleichermaßen gültig oder ungültig. Und wenn alles gleich gültig ist, kann man auch gleichgültig sein. Dann erspart man sich viel Ärger, Aufregung und Leid. Man bleibt immer in der Position überlegener und souveräner Abgeklärtheit.

Der Kölner ist zwar tatenlos, dabei aber weder cool noch gleichgültig. Er fühlt und leidet mit dem, was er sieht. Er lässt sich erweichen, anmuten, schrecken, in Freude oder Entsetzen versetzen. Aber er setzt seine seelische Bewegtheit nicht in Handlungen um. Er versucht schuldlos, jedoch nicht schmerzlos zu bleiben. Der Taxifahrer greift nicht in das Geschehen ein, aber er fühlt mit, er versetzt sich in die Situation und erlebt sie stellvertretend mit. Er reißt sich sozusagen selbst einen mit ab.

Das alte Lied vom Kölner Zoo-Besuch („Ene Besuch em Zoo") beschreibt diese teilnahmslose Wohlgefälligkeit. Das vierfache Ooh, ooh, ooh, ooooh, das überaus herzhaft und leidenschaftlich intoniert oder mitgesungen wird, demonstriert, wie einen das Betrachtete mitgehen lässt. Die Oohs sind überaus vielsagend, denn sie lassen die unterschiedlichen Erlebensmöglichkeiten im Zoo anklingen. Da ist das verwunderte Ooh über die Größe oder das Aussehen mancher Tiere, da ist das lüstern heischende Ooh, wenn man die Affen beim Kopulieren beobachtet, da ist das angewiderte Ooh, wenn der Elefant einen Riesenhaufen ins Gehege setzt, oder das furchtsam warnende Ooh, wenn der Tiger die Zähne fletscht.

Aus dem Auskosten und Ausloten dieser unterschiedlichen Lebensmöglichkeiten kann ein tiefes Lustgefühl entspringen. Und diese eindrücklichen und nahegehenden Erlebnisse können auf das eigene Leben zurückspiegeln. Man fragt sich unbewusst, wo die Oohs, die Steigerungen oder Verrücktheiten im eigenen Alltag liegen. Das bringt auch die Anekdote von dem Kölner zum Ausdruck, der stundenlang wie gebannt vor einem Aquarium steht, in das Wasser stiert und dem Treiben der Fische zuschaut. Und dann zu dem Schluss kommt: „Den ganzen Tag unter Wasser, nee, dat wör nix för mich."

Die teilnahmslose Wohlgefälligkeit ist vergleichbar mit der therapeutischen Haltung der ‚frei schwebenden Aufmerksamkeit'. Man beobachtet, ohne zu bewerten. Man gerät in eine verstehende Mitbewegung. Dabei gibt es weder Richtig noch Falsch, sondern nur die Eigenart des sich gerade Zeigenden. Und man begegnet dem Fremden nicht mit Verwandlungsneid, sondern mit naiv-fröhlicher Freude an der schrägen und bunten Vielfalt der Welt. Die Kölner Mentalität hat ein Faible und eine tiefe Nähe zur Psychologie. Aber das wird uns an späterer Stelle noch ausführlicher beschäftigen.

Die teilnahmslose Wohlgefälligkeit wird von den Kölnern allerdings nicht als psychologische Haltung, sondern als vorbildliche Toleranz glorifiziert. Gleichzeitig spürt man aber auch ihre Kehrseite, den schon beschriebenen Griet-Komplex. Vor allem Düsseldorf wird dabei als ein Gegenbild erlebt: Düsseldorf ist zwar auch eine rheinische Metropole, aber diese Stadt erscheint entschiedener, tatkräftiger, straighter und erfolgreicher. Düsseldorf gemahnt daran, dass man etwas bewirken und erreichen kann, wenn man sich entschieden für eine Sache einsetzt. Aber Düsseldorf zeigt in den Augen der Kölner auch den Preis, den man dafür zahlen muss: den Verlust von ungezwungener Lebensqualität. Die Kölner werden daher nicht müde aufzuzeigen, dass Düsseldorf zwar eine profilierte, klare und saubere, aber doch eine kalte Stadt ist, die natürlich längst nicht so gemütlich ist und auch keine moussierende Stadtkultur besitzt wie Köln.

Aufgrund ihrer Angst vor dem Griet-Komplex ist es für die Kölner ungemein wichtig, zu beweisen, dass auch sie sich – wie Jan – handfest und entschieden einsetzen und etwas bewirken können: In vielen Interviews mit geschichtsfesten Kölnern wird daher unweigerlich irgendwann die Schlacht von Worringen (im Jahre 1288) gefeiert. Da hätten die Kölner einmal nachdrücklich Position bezogen, gekämpft und eigenhändig ihren Bischof (Siegfried von Westerburg) verjagt. Als aktuellerer Beweis für die Kölner Durchsetzungskraft werden gerne die zahlreichen Aufstiege und die beiden deutschen Bundesliga-Meisterschaften des FCs angeführt.

Optimistische Schicksalsergebenheit

Sieht man von diesen Ausnahmen ab, führt die gekonnte Unentschiedenheit der Kölner dazu, dass sie Entwicklungen meist nicht auf ein eindeutiges Ziel ausrichten. Das hat den Vorteil, dass sie sich für Veränderungen und unschöne Entwicklungen nicht verantwortlich fühlen müssen. Der Entwicklungsfluss des Lebens wird von den Kölnern als etwas angesehen, das man letztendlich hinnehmen muss. Er zieht eigenwillig und unabänderlich seine Bahn. Der Kölner bringt diese fast schon stoische Haltung gegenüber dem Schicksal auf den Nenner „Et kütt wie et kütt". Diese Schicksalsergebenheit wird durch einen Blanko-Vertrauensvorschuss in alle Entwicklungen abgemildert und erträglich gemacht: „Et hätt noch immer jot jejange."

Durch diese optimistische Schicksalsergebenheit grenzt sich die Kölner Mentalität deutlich von der aktuellen deutschen Lebenshaltung ab, die ich in „Deutschland auf der Couch" beschrieben habe. Im Gegensatz zur kölschen Schicksalsergebenheit ist die heutige Alltagskultur von digitalen Allmachtsphantasien geprägt: Wie im Internet soll das Leben auf simplen Knopfdruck veränderbar sein oder der Traumpartner gefunden werden. (Was hätte Griet für eine Partner-Suchmaschine gegeben ...) Die Menschen in Deutschland sehnen sich nach einem Leben, aus dem der wissenschaftliche Fortschritt die Macht des Schicksals eliminiert oder zumindest domestiziert hat. Sie erwarten das Paradies bereits auf Erden, in dem sie von Krankheit, Abnutzung, Alterung und Tod verschont bleiben. In einer Art virtuellem Schöpfungswahn soll jede körperliche Gegebenheit von der krummen Nase über die Hängebrüste oder die Cellulitis wandelbar sein.

Auch jede psychische Gegebenheit, die Depression, die Lethargie, die schlechte Laune soll in Zukunft durch entsprechende Medikamente oder durch die Gefühlsapotheke Fernsehen verwandelt werden können.

Diese digitale Überspanntheit unserer Gesellschaft führt zu immer größeren und unrealisierbaren Perfektionsansprüchen: Der Superstar oder das Topmodel bilden die Lebensvorbilder für Jugendliche. Da diese Erwartungen an das

Leben und die eigene Rolle aber nicht einlösbar sind, steigert sich die Unzufriedenheit gegenüber dem eigenen Leben und dem Alltag. Man erlebt es als Enttäuschung und Zumutung, dass man nicht vollkommen ist, dass das Schicksal immer noch präsent ist und Mühsal, Krankheit und Alterung nach wie vor unsere notwendigen Lebensbegleiter sind.

Gegen diesen (gottgleichen) Anspruch nach Lebensbeherrschung ist die Kölner Haltung im Hinblick auf die Macht des Schicksals und die Hinfälligkeit und Widersprüchlichkeit der menschlichen Konstitution von einem wohltuenden Realismus geprägt. Der Kölner weiß um die Begrenztheit und Unvollkommenheit der Menschen und ihrer alltäglichen Unternehmungen. Das drückt sich in dem vielleicht bekanntesten Kölner Sinnspruch aus: „Jet jeck sin mer all.“ Hier artikuliert sich kein Perfektionsanspruch, sondern die Einsicht in die menschlichen Beschränkungen, Schrägheiten und Verrücktheiten. Dass die Menschen dabei dennoch einzigartig sind und das Jecksein kein normierter Perfektionsanspruch ist, bringt die noch bekanntere Ergänzung des Sinnspruches mit sich: „Äver jeder Jeck is anders.“

Diese Anerkennung des Fehlerhaften und Unvollkommenen ist der vielleicht liebenswerteste Zug der Kölner Mentalität. Sie sieht den Menschen als ‚behindertes Kunstwerk‘, wie es der Kölner Psychologie-Professor Wilhelm Salber einmal auf eine Formel brachte. Die Kölner wissen, dass der oft wahnhafte Anspruch nach Makellosigkeit das Leben nicht reicher, sinnvoller und sinnlicher, sondern nichtssagender, austauschbarer und entwicklungsloser macht. Der Mensch verliert dadurch seine einzigartige und auch liebenswerte

Schrägheit und erstarrt in einer autistischen Perfektion.

Für die Kölner sind Fehler oder persönliche Defizite keine Hemmnisse, sondern Herausforderungen und Entwicklungsanreize. Die Kölner Originale und Heiligen von Willy Millowitsch bis zum Kardinal Frings sind pralle, lebensvolle, fehlerhafte und zutiefst widersprüchliche Figuren. Die vermeintlichen Schwächen sind ihre geheimen Stärken. Denn gerade der wunde Punkt mobilisiert oft die ganze Leistungsfähigkeit und Kunstfertigkeit eines Menschen.

Die Menschheitsgeschichte steckt voller Beispiele, dass gerade das Gefühl persönlicher Unzulänglichkeit höchst produktive und schöpferische Kompensationsprozesse hervorrufen kann: Der geniale griechische Rhetoriker Demosthenes war von Geburt Stotterer. Die berühmtesten Verführerinnen wie die Pompadour oder Mata Hari waren nicht schön, aber sie besaßen das gewisse Etwas, mit dem sie jedermann bezauberten. Karl der Große, Napoleon oder Friedrich der Große waren klein und unansehnlich gebaut. Beethoven hat seine reifsten und tiefsten Werke geschrieben, als er bereits vollständig taub war. Der Kulturhistoriker Egon Friedell kommt daher zu dem Schluss, dass nicht zu jedem Achill eine Ferse gehört, sondern zu jeder Ferse ein Achill. Nicht aus der Vermeidung unserer Fehler und Verwundbarkeiten, sondern aus dem mutigen Umgang mit ihnen erwächst die persönliche Eigenart, die liebenswerte Stärke oder die bewunderungswürdige Meisterschaft.

Die Fehlertoleranz der Kölner kann den Menschen einen Freiraum für die Entfaltung ihrer Potenziale eröffnen. Sie kann den Menschen aber auch helfen, sich einfach mit ihrem

Dasein auszusöhnen. Die optimistische Schicksalsergebenheit ergibt daher auch seelenökonomisch Sinn, denn sie erspart Kraft und Aufwand: Wieso gegen Mächte aufbegehren, die man niemals beherrschen kann? Wieso einen Kampf führen, der letztlich ausweglos ist? Frei nach Goethe soll sich gegen die Götter nicht stemmen irgendein Mensch. Aber das ‚Sich-fügen in das Unabänderliche' sichert auch die persönliche Zufriedenheit. Wie heißt es doch so beschwichtigend in der Strauß'schen Operette „Die Fledermaus": „Glücklich ist, wer vergisst, was doch nicht zu ändern ist." In diesem Sinne arbeiten die Kölner am Glück oder zumindest an einem versöhnlichen Arrangement mit den himmlischen Mächten und eigenen Behinderungen.

Das ewige Werden

Das fügsam-versöhnliche Arrangement mit dem Schicksal ist in Köln nur eine vordergründige Demonstration. Die Kölner haben kunstvolle Systeme der Schicksalsbeeinflussung entwickelt. Beispielsweise das Klüngeln mit den irdischen Mächten und sogar mit dem lieben Gott. Oder die Psychologie, die das Leben verstehbarer, aber auch behandelbarer macht. Der Humor, der die Schicksalsdramatik abfedert und zu wundersamen Problemlösungen gelangt. Und schließlich die Sehnsucht nach einer transzendenten Köln-Welt, die eine Wiederkehr vergangener Glückseligkeiten verspricht. Aber die kölsche Art der aktiven Schicksalsmeuterei wird uns zu einem späteren Zeitpunkt beschäftigen.

Die Kölner wollen auch nicht auf die eher passive Haltung der optimistischen Schicksalsergebenheit reduziert werden. Mit großem Aufwand proklamieren sie, dass sie sich weiterentwickeln und dass sie an der Zukunft bauen. Der Welt und natürlich sich selbst will die Stadt ein ‚ewiges Werden‘ vor Augen führen. Köln stilisiert sich als ‚work in progress‘. Das ewige Werden soll garantieren, dass sich die großartigen Zukunftsentwürfe doch noch einlösen, zwar nicht jetzt, aber irgendwann. Das einmal im Quartal im Kölner Stadt-Anzeiger erscheinende Köln-Barometer ist ein Werden-Bulletin der Stadt Köln. Es hat für die Bürger eine ungemein wichtige Funktion, denn es informiert über den Stand der Entwicklungen – bei manchen Entwicklungen wie etwa der Sanierung der Kölner Oper ist der Begriff ‚Stand‘ dabei wörtlich zu nehmen. Aber das Köln-Bulletin richtet auch den Blick in die Zukunft und zeigt all die ehrgeizigen Projekte auf, die in der Anlaufphase oder in der ersten Projektplanung sind. So fungiert das Köln-Barometer einerseits als Leistungsnachweis, andererseits als Hoffnungskatalysator: Es hält den Glauben aufrecht, dass Köln doch irgendwann eine Weltstadt wird.

Vor dem Hintergrund des ‚ewigen Werdens‘ wird die enorme Bedeutung des Kölner Doms für die Stadt verständlich. Der Dom, an dem jahrhundertelang gebaut wurde, der nie vollendbar schien, ist für die Kölner der symbolische Beweis, dass aus dem ewigen Werden doch noch etwas Großes und Einzigartiges herauskommen kann.

Die Tiefeninterviews zeigen, dass das Werdensversprechen der Domstadt vor allem auf zugezogene Kölner eine enorme Anziehungskraft ausübt. Das Image der Stadt ist oft der

Grund, den Wohnort zu wechseln und Köln zur neuen, auch ideellen Heimat zu wählen. Denn von der Stadt geht ein tröst-lich-hoffnungsfrohes Flair aus, das vor allem ewige Studenten, ewige Talente oder zu entdeckende Künstler reizt. Menschen also, die in ihrer bisherigen Heimat das Ziel ihrer Träume oder ihres Ehrgeizes nicht verwirklichen konnten oder wollten. In Köln wollen sie einen Neuanfang starten, ohne ihre Arbeits- oder Lebenshaltung grundsätzlich zu verändern. Die Stadt verspricht: Hier wird es schon irgendwann, ohne dass du dir einen Ruck geben musst. Du musst dich nur auf die Stadt einlassen. Köln eröffnet für diese Menschen ein hoffnungs-schwangeres Moratorium. Der Umzug in die neue Stadt führt dann auch häufig nicht zu einem beherzten Durchstarten, sondern man gönnt sich erst einmal eine Auszeit. Man stürzt sich in das Kölner Nachtleben, schließt neue Freund- oder Liebschaften und kostet den Tag in vollen Zügen aus.

Aber auch die Kölner, die bereits in Köln geboren sind, fasziniert der Modus des ewigen Werdens. So können sie ihre vertraute und beliebte Kölner Heimeligkeit vor den Her-ausforderungen retten, die mit ihren eigenen Lebensplänen oder mit den Leistungszwängen am Arbeitsplatz verbunden sind. Gleichzeitig wahren sie die Option auf eine glorreiche Metropolen-Entwicklung, die sich irgendwann einmal einlö-sen wird. Insofern ist das ewige Werden eine psychologisch notwendige Ergänzung zur gekonnten Unentschiedenheit der Kölner. Denn es verspricht eine Entwicklung, die auch eintritt, wenn man sich – wie Griet – erst einmal nicht für eine Option entscheidet. Man weiß zwar nicht wann, aber das Ir-gendwann ist gewiss.

Dennoch verlangt das ewige Werden eine moussierende Geschäftigkeitsmanifestation. Es reicht nicht, wie Griet antriebslos im Wartestand hocken zu bleiben. Jederzeit muss das Gären, Hämmern und Blubbern des Werdens spürbar sein. Daher werden in Köln die Verkehrs-, Wohn- oder Freizeit-Verhältnisse ständig so umgebaut und verrückt, dass man sich dabei letztendlich treu bleibt und keine wirklich neue Ausgangslage schafft. Köln wirkt wie eine in sich kreisende Baustelle. Ebenso wie beim Schunkeln wird eine Bewegtheit erzeugt, die sich letztlich nicht von der Stelle bewegt. Der Volksmund greift diesen Entwicklungstrick in dem Spruch auf: „Mer buddele un buddele – en Weltstadt weede mer nie."

Weiterwerkeln oder Weltuntergang

Dennoch sind die Kölner nicht untätig. Sie buddeln und werkeln beständig, aber es fällt ihnen schwer, zum Ende zu kommen, nicht nur beim Dombau. Ein tieferes Verständnis dieser seltsamen Finalisierungsscheu erlaubt ein kurzer Blick auf die Psychologie des Heimwerkens. Beim Werkeln und Frickeln geraten die Menschen in eine dramatische Prozess-Seligkeit. Sie sind beständig damit beschäftigt, Pläne zu machen, Material zu besorgen oder Werkzeug zu suchen. Die ersten Schritte und Konstruktionsversuche scheitern immer wieder, was dem ganzen Prozess eine schwelend lustvolle Dramatik gibt.

Auffällig ist, dass die sich immer wieder einstellenden Baupannen oder Konstruktionsfehler meist nicht zum resignativen Handtuchwurf führen. Das Handtuch wird vielmehr genommen, um die schweißtriefende Stirn zu trocknen, die dann wieder dem Problem geboten wird. Die Seligkeit des Heimwerkens besteht in seiner Beweglichkeit und Wendigkeit, in der Kunst, immer wieder neue Lösungswege zu suchen und seine Pläne zu modifizieren. Dabei breiten sich übermächtige Gelingensphantasien aus. Wie toll könnte die Sache doch werden, wenn sie fertig ist! Wen könnte man dann nicht alles mit vor Macherstolz geschwellter Brust beeindrucken.

Der phantastische Reichtum dieses Ausspinnens bleibt aber nur erhalten, solange der Prozess andauert. Sobald die Sache fertig ist und ihre endgültige Gestalt besitzt, ist das Spiel aus. In der Psychologie spricht man vom Schrecken der Endgestalt: Das fertige Werk versetzt den Macher nur kurz in eine ekstatische Euphorie, danach sackt er in eine postkoitale Depression. Denn aus dem unendlich befeuernden Reich des Möglichen ist die nüchterne Kälte des Faktischen geworden. Viele Heimwerker versuchen das depressive Absacken zu verhindern, indem sie kurz vor der Vollendung bereits ein neues Projekt in Angriff nehmen.

Das Schlimmste, was einem Wunsch widerfahren kann, ist seine faktische Erfüllung, denn sie bedeutet den Tod des Wunsches, im Falle des Heimwerkens den Tod des Prozesses des Ausmessens und Ausspinnens von Möglichkeiten. Vor diesem Hintergrund überrascht es nicht, dass die Fertigstellung des Doms über Jahrhunderte mit einer Todesahnung verbunden war. Der Volksmund behauptete: „Wenn der Dom fertig ist, geht die Welt unter." Im Modus des ewigen Werdens haben die Kölner ihren Dom über Jahrhunderte geliebt, weil

er ihnen Raum für die Ausgestaltung ihrer Entwicklungs-
phantasien gab. Bennack bemerkt dann auch, dass die Kölner
den vollendeten Dom lange Zeit nicht geliebt haben. (vgl.
Bennack/Uhlenbruck, 2004, S. 36 f.) Sie standen ihm kühl
und distanziert gegenüber. Erst die Zerstörung des Krieges,
der der Dom getrotzt hatte, veränderte ihre Einstellung. Der
Dom wurde zum Sinnbild für die Entwicklungshoffnung, die
auch in Zeiten des Infernos und des Untergangs noch Bestand
hat. Die Todesdrohung hatte sich umgekehrt: Wenn die Welt
auch untergeht, der Dom bleibt bestehen.

Köln-Ikea – die Welt als Provisorium

Das ewige Werden ist kein produktiv-finalisierender Zustand,
aber ein überaus schöpferischer und lebendiger. Er hilft – frei
nach dem Ikea-Slogan – beim Entdecken der Möglichkeiten. Das Entwicklungsversprechen, das Ikea seinen Kunden
macht, weist eine enge Verwandtschaft zur Kölner Werdens-
Philosophie auf. Das zeigt sich auch darin, dass Ikea sich
selbst als das verrückte Möbelhaus feiert. Ikea revolutionierte
den Möbelmarkt und die Haltung zum Wohnen, weil Ikea
das Etablierte, Fertige und Endgültige zu seinem Feindbild
erklärte. Junges und lebendiges Wohnen braucht nicht das
vorgefertigte und klobige Endprodukt, sondern erfüllt sich
im Selberfrickeln und Zusammenbasteln. Und in endlosen
Kombinations- und Erweiterungsoptionen.

Das eigenhändig erstellte Werk behält den Charme des
Selbstgemachten und Unperfekten und ist immer ein Original

MODELLB... STEN
Der K... Dom
NEO
mit Richter Fenster
NEO

oder eben ein behindertes Kunstwerk. Und weil dabei meist auch eine Schraube fehlt oder verloren geht, wird es niemals ganz fertig, sondern bleibt im Zustand des Werdens. Die Kunden sind insgeheim froh, dass die Ikea-Möbel nicht für die Ewigkeit gebaut sind, sondern eine eher geringe Halbwertszeit haben. Dadurch bleibt die Wohnung im Zustand permanenter Verwandlung. Man kann oder darf sich nach einigen Jahren wieder neu in seinem Leben einrichten. Auf diese Weise bleibt man in einem produktiven und beweglichen Provisorium. Ikea bringt das auf die Formel bzw. Frage: „Wohnst du noch oder lebst du schon?"

Diese Formel eignet sich auch als Kölner Leitmotiv. Denn das Leben ist reicher, bunter, verrückter, sinnenfreudiger als das herkömmliche Wohnen, das unser Leben auf Jahrzehnte in die immer gleiche Behausung, die immer gleichen Schränke und Beschränkungen zwängt. Man denke nur an die traditionelle Eichenschrankwand der Eltern oder Großeltern, die psychologisch betrachtet einer Frühversargung gleichkommt: Man bereitet sich schon zu Lebzeiten auf den Zustand vor, in dem man ewig von einem engen Eichenkasten umgeben sein wird.

In einer Seniorenstudie zeigte sich, dass vor allem viele ältere Kölner überaus froh sind, dass die Ikea-Möbel eben nicht ewig halten. Die Aussicht, dass man die eigenen Ikea-Möbel locker überlebt, hat eine verlebendigende Wirkung. Der Gedanke an den Tod ist gebannt und ein Neuanfang immer möglich.

In Köln und bei Ikea ist das Leben nicht in Stein gemeißelt oder in Eiche gelagert. Es bleibt ein Provisorium: beweglich, verrückt, sinnenfreudig und voller Verwandlungskraft. Das zeigt sich auch im Stadtbild, denn Köln ist jenseits des Doms und der romanischen Kirchen eher arm an steinernen Palästen und Ewigkeitsmonumenten. Dafür reich an beweglichen Schätzen, Liedern, Erzählungen, Gedichten und Anekdoten, in denen sich die Stadt immer wieder neu findet und erfindet und sich doch treu bleibt. In dieser musischen Schaffensfreude manifestiert sich die schöpferische Kraft und Freiheit des Provisoriums. Es legt den Menschen nicht fest, sondern stimuliert seinen Erfindungsreichtum.

Der Karneval – Verschmelzung und Verwandlung

Die extremste Antithese zur Frühversargung bildet in Köln der Karneval. Für sechs tolle Tage springt das Leben aus all seinen Beschränkungen und Festlegungen. Die etablierten Lebensformen, die beruflichen oder privaten Zwänge, die eisernen Routinen und die Ketten der Etikette werden mit einem Trommelschlag gesprengt. Das Leben wird zu einem gesteigerten Provisorium, in dem auf einmal alles möglich und machbar erscheint. Allerdings scheiden sich am Karneval die Geister: Für die einen bedeutet diese fast einwöchige Revolte gegen die Formstrenge des Alltags eine ekstatische Befreiung. Für die anderen einen unberechenbaren Formzerfall, dem man sich durch Flucht in die Ferne, häuslichen Rückzug oder hartnäckige Ignoranz zu entziehen sucht.

Nirgendwo in Europa wird der Karneval so prall, so bunt, so exzessiv und vor allem so authentisch gefeiert wie in Köln.

Das liegt daran, dass eine dreifache psychologische Wesensverwandtschaft zwischen Köln und dem Karneval besteht. Die Mentalität der Kölner und das Wesen des Karnevals befeuern und steigern sich gegenseitig.

Der Karneval ist erst einmal das Fest der ungezwungenen Gemeinschaft. Von seinem Naturell her ist Köln – vor allem im Vergleich mit dem Rest der Republik – locker, sinnen- und verschmelzungsfreudig: Der Karneval steigert das gemeinsame Schwaden, Drinken und Dräumen. Die tollen Tage sind eine paradiesische Zeit der Auflösung und kollektiven Verklumpung, die in Ansätzen auch beim Public Viewing während der Welt- oder Europameisterschaften stattfindet. Der Einzelne wird von der Bürde seiner Individualität erlöst und Teil einer freudig bewegten Masse.

Im ozeanischen Gefühl der Masse lösen sich bestehende Grenzen und Standesdünkel auf. Die festen Regeln des Alltags werden vom ausgelassenen Überschwang hinweggeschwemmt. Die Stadt verbrüdert sich in Tanz und Rausch. Ganz Köln wird zu einer riesigen Kaffeebud, in der sich alle anfassen dürfen und gemeinsam lachen, singen und schunkeln können. Dieses Gefühl sozialer Verschmelzung wird durch eine Regression auf elementare Lebensvollzüge gestützt. Der leider 2008 viel zu früh verstorbene Psychologe Dr. Hermann Josef Berk brachte das auf die Formel: „Alles, was der Kölner zur Karnevalszeit tut, macht auch das Kind im Mutterleib. Es trinkt und schunkelt den ganzen Tag, umgeben von Wärme und pulsierenden Herzschlag-Rhythmen."

Aber der Karneval ist zweitens auch das Fest der konsequenzlosen Verwandlung. Die geheimen Griet-Wünsche nach einer anderen oder besseren Rolle im Leben können ausagiert werden. Denn man kann sich und sein Leben umkostümieren und das werden, was man immer schon einmal hätte werden wollen: Prinzessin oder Magd, Seeräuber oder Kapitän, Priester oder Musketier, Katze oder Mäuschen, Nonne oder Hure, Clown oder Harlekin, Lappenmann oder Kapuziner. Das ganze Verwandlungsspektrum des Lebens steht auf einmal offen. Ich hatte ja bereits festgestellt, dass Köln ganz jeck auf Verwandlung ist, aber auch eine tief sitzende Scheu vor den Mühen, Konsequenzen und Festlegungen hat, die eine wirkliche Umgestaltung mit sich bringt. Das widerstrebt dem gemütlichen, beständigen und ungezwungenen Naturell Kölns. Denn es erfordert Entschiedenheit, Tatkraft und Opfer: Man muss wie Jan mit vertrauten Verhältnissen brechen und lieb gewordene Personen, Regionen oder Gewohnheiten hinter sich lassen. Man muss sich aufraffen und einen unberechenbaren Neuanfang wagen. Verwandlung ist beschwerlich, unvertraut, riskant und folgenschwer.

Aber ganz auf Verwandlung verzichten will der Kölner nicht. Und da er ein Weltmeister im Finden von Kompromissen ist, praktiziert er kurzerhand die Spontanverwandlung mit Rückreisegarantie – den Karneval. Pauschal, weil man nur ein Kostüm, eine Pappnase oder etwas Schminke und ein paar Kölsch als Gleitmittel braucht – schon ist man im tollen Treiben der Verwandlung. Rückreisegarantie, weil am Aschermittwoch definitiv alles vorbei ist. Verwandlungen, die man an den tollen Tagen betrieben hat, haben keine Geltung mehr – getreu dem Motto: „Von all meinen Küssen will sie nichts mehr wissen."

Die strikte Begrenzung der Verwandlung auf sechs tolle Tage zollt nicht nur körperlichen Grenzen Tribut. Sie ist auch seelenökonomisch sinnvoll. Denn die Sprengung des Alltagskorsetts setzt nicht nur brachliegende Energien frei, sie eröffnet auch einen Freiraum, der jeden Tag aufs Neue ausgestaltet werden will. Mit den Geistern der Befreiung leben auch immer die Gespenster der Freiheit auf. Ähnlich wie bei Urlaubsreisen, die auch eine moderate Form karnevalesker Veränderung darstellen, erwächst nach einiger Zeit eine Sehnsucht nach den festen, vertrauten und Halt gebenden Formen des Alltags. Und wenn der Aschermittwoch naht, sind die Kölner meist insgeheim froh, dass jetzt wieder in altbekannter Manier jeden Tag das Murmeltier grüßt.

Der exzessive Totentanz

Der Karneval besitzt aber noch eine dritte, transzendente Seite, die, wie wir noch sehen werden, wesentliche Züge der Kölner Mentalität bündelt. Der Karneval ist ein sentimentaler Totentanz. Die am 11.11. beginnende Session inszeniert in all ihrem fröhlichen Treiben und ihrer exzessiven Lebenssteigerung auch das Fest der letzten Stunde, der ewigen Vergänglichkeit, des Todes. Mit einem verzweifelten, gigantischen, vitalen Aufbegehren trotzt man der nahenden ,toten' Fastenzeit, in der zumindest das Genussleben erlischt. Über all der sinnenfrohen Entfesselung des Karnevals liegt eine winterliche Melancholie, eine tieftraurige Einsicht in die Vergänglichkeit des irdischen Treibens. Das klingt in den wehmütigen Untertönen vieler Karnevalslieder an. Mit dem Nubbel werden auch die ‚hochgehängten‘, aber nicht erfüllten Lebenshoffnungen unter Heulen und Wehklagen verbrannt. Am Schluss des Karnevals bleiben die Asche und die tröstliche Aussicht, dass wir alle in den Himmel kommen.

Damit tritt ein spezifischer Aspekt der kölnischen Mentalität in den Blick – die Senti-Mentalität. Die Sentimentalität ist die aufwandlose Form des Größenwahns, da die Größe im Modus des Noch-Nicht oder Nicht-Mehr ausgelebt wird. Besungen und gefeiert wird also eine Größe, die man hier und heute nicht erweisen muss, sondern die sich bereits in der Vergangenheit ereignet hat und die vielleicht irgendwann einmal in der Zukunft wieder aufkommen wird. In der Sentimentalität bündelt sich ein emotionales Dreigestirn aus Trauer, Trost und Zuversicht. Trauer, weil die ganz großen Ziele nicht erreicht wurden und die frühere Größe, Schönheit oder Bedeutung keinen Bestand mehr haben. Trost, weil man ja – vor allem, wenn man wehmütig ist – nicht allein ist, sondern sein Kölsch und sein Veedel hat. Zuversicht, weil Köln doch Köln ist und immer bleiben wird. Und weil mindestens ein blauer Funken Hoffnung weiterglimmt, dass der FC irgendwann doch noch einmal Meister wird.

Ich habe diese intensive Form sentimentalen Selbstgenusses und Selbststeigerung nur einmal in meinem Leben außerhalb Kölns erlebt: in einem griechischen Restaurant unterhalb der Akropolis. An langen Tischen saßen die Griechen, speisten, tranken und feierten. Und gegen Mitternacht schwoll mit einem Mal aus allen Kehlen ein wehmütiger, leidenschaftlicher Gesang. Gesungen wurden traurige Geschichten, die um den Verlust von Liebe oder Macht kreisen. Aber dieser traurige Grundton ebbte immer wieder ab, wandelte sich in eine trotzige Emphase. Und im traurigen Trotz brach dann triumphal die Zuversicht des griechischen Wiederauferstehungsideals durch: Irgendwann einmal wird Griechenland seine alte Stellung wiedergewinnen und wieder das Zentrum oder die Wiege europäischer Kultur sein.

Der Karneval – Anarchie und Erstarrung

Der Blick auf die Geschichte des Kölner Karnevals zeigt die anarchische Wucht, die im Karneval steckt. Die Grundordnung des Lebens wird gesprengt. Was heilig, sittsam oder staatlich geboten ist, wird entkräftet, abgeschnitten oder auf den Kopf gestellt. Der (inszenierte) Sturm der alten Weiber auf das Rathaus und das Abschneiden der Krawatten, also der nach oben verschobenen männlichen Machtinsignien, erinnert noch an die ursprüngliche Anarchie. Vom anarchischen Geist zeugen auch die Eselsmessen, die im Mittelalter gefeiert wurden. Ein Narrenbischof wurde gewählt und er ritt dann auf einem Esel in die Kirche, um die Messe zu lesen. Dabei wurden die lateinischen Formeln persifliert und durch ein dreifaches Iah ersetzt. Aber auch das Iah des Esels wurde kanonisch erwidert. All das, was während des Jahres verboten war, durfte jetzt getan werden: Am Altar wurde gewürfelt und in der Kirche Ball gespielt. Der heutige Karneval in Köln wirkt im Vergleich dazu regelrecht handzahm, geordnet und minutiös durchchoreografiert.

Ganz anders war der Karneval um das Jahr 1820. Beklagt wurden die Niveaulosigkeit und Derbheit des Volksfestes. Karnevalstouristen der damaligen Zeit berichteten echauffiert darüber, dass das „Brüllen und Jauchzen des besoffenen Pöbels" durch die Straßen drang. Dass „Fuhrleute mit schmutzigen Kitteln und verzerrten Larven" (zitiert nach Oelsner, 1999, S. 13) das Bild bestimmten. Alleinige Galionsfigur des Karnevals war damals noch der Hanswurst, eine grob-derbe Variante des heutigen Bauern. Drastisch verschlimmert hatte sich die Verrohung des Karnevals, nachdem die Franzosen 1794 das Rheinland besetzt hatten. Köln verlor seine Eigenständigkeit als freie Reichsstadt. Die damalige Fastnachtskultur zerbrach: „An die Stelle der einst festgestaltenden Handwerkerzünfte war die Beliebigkeit der Straße getreten." (Oelsner, 1999, S. 14) Nachdem infolge des Wiener Kongresses die Preußen in Köln einzogen, schickte sich das festordnende Komitee des Kölner Karnevals an, das Fest zu kultivieren: „Der Derbheit der Straße wollte man eine schöngeistige Idee, eine heitere Festdramaturgie entgegensetzen." (Oelsner, 1999, S. 7) Ein inszenierter Korso nach römischem Vorbild wurde zum Vorläufer des heutigen Rosenmontagszugs. Er sollte das Treiben auf der Straße kanalisieren. Der Hanswurst wurde durch den edlen Held Carneval ersetzt, der wiederum später zum Prinzen mutierte. Wir beobachten also auch beim Karneval den Übergang vom Bauern zum Prinzen oder den von der deftigen Kaffeebud zur kultivierten Metropole.

Die Bemühungen des festordnenden Komitees verweisen auf den psychologischen Umstand, dass auch die Karnevalsverfassung eine Fassung braucht. Seelische Ausdrucksdränge können sich langfristig nur etablieren, wenn sie eine Bahnung erfahren. Aber diese Bahnen können zu fest werden. Die Fassung kann zu eng und starr werden und dadurch den anarchisch-experimentellen Geist der Karnevals zu stark korsettieren. Zwischen verrücktem Korso und engem Korsett liegt manchmal nur ein schmaler Grat.

Die Ritualisierung und Tradierung des Karnevals kommt dem Kölner Hang zur Bequemlichkeit zugute. Einmal gesetzte Ordnungen können einfach aufgegriffen und wiederholt werden. Sie stiften Erwartungssicherheit, zerstören jedoch auch die ursprüngliche Kraft. So war die Gründung und Einkleidung der roten Funken ursprünglich ein ebenso mutiger wie obrigkeitskarikierender Akt. Die roten Funken trugen zwar die Kostüme der alten Kölner Stadtsoldaten, karikierten aber das preußische Militär. Sie ließen nicht erhaben ihre Waffen sprechen, sondern rieben in gebückter Haltung zärtlich ihre Popos aneinander. Allerdings wird dieser Akt mehr als 200 Jahre, nachdem die Preußen ins Rheinland marschierten, immer noch in der gleichen Manier und Manie sowie mit (Funke-)Marie zelebriert. Der Geist der Revolte ist durch die Bräsigkeit biederen Brauchtums eingetauscht worden.

Gegen diesen selbst zur Karikatur gewordenen, erstarrttraditierten Karneval opponierte in Köln seit den 80er-Jahren die Stunksitzung. Diese alternative Karnevalssitzung wollte mit Anarcho-Stern und Sponti-Witz den revolutionären oder zumindest den kritisch-politischen Charakter des Karnevals wiederbeleben. „Den erstarrten, vermufften Sitzungen mit dem steifen Elferrat, den Herrensitzungen mit frauenfeindlichen Witzen, den Anzügen mit Narrenkappen und Orden,

den Tuschs und Raketen wird eine bunte, anarchische Wildheit entgegengesetzt. In den Elferrat der Stunker dürfen sogar Frauen", fasst ein Stunker das Programm im Tiefeninterview zusammen. Und die Stunker machen ihrem Namen alle Ehre, denn sie kennen kein Pardon: Nicht nur der tradierte Karneval, auch Bürgermeister, Oberstadtdirektor, die Politiker, die Kultur und Gegenkultur, Köln, Kirche und Klerus werden rüde gegen den Strich gebürstet. In einer Sitzung führen die Stunker im Hintergrund der Bühne pervertierende Lust- und Liebesszenen vor, während im Vordergrund die Jungfrau Maria steht. Zu den Klängen des Rio-Reiser-Lieds „König von Deutschland" intoniert sie inbrünstig: „Das alles und noch viel mehr, würd' ich machen, wenn ich nicht seine Mutter wär."

Heute sind aber auch die Stunker eine ebenso etablierte wie tradierte Kölner Institution geworden. Sie sind Publikumsmagnet und Wirtschaftsfaktor – ein „Selbstläufer", wie es ein Stunker selbstkritisch einräumt, der sich im Tiefeninterview augenzwinkernd als „Humorfacharbeiter" bezeichnet: „Wir sind 20 Leute, die gleichberechtigt arbeiten. Wir machen 1,5 Millionen Euro Umsatz im Jahr, im Kollektiv. Das ist die Umsetzung einer politischen Utopie." Aber er bekennt auch: „Heute ist das eingefahren und normal. Es hat sich eingeschliffen. Da kommt man nicht mehr raus. Man gehört heute selbst zum Establishment."

So wird aus der Revolte gegen die Verfestigung des Karnevals selbst wieder eine Verfestigung. Im Jahre 2008 stehen immer noch die gleichen Stunker auf der Bühne und üben sich im schon gesetzten Alter im Forever Young. Ein Generationswechsel, der sich derzeit bei den klassischen Karnevalsorganisationen vollzieht, hat bei den Stunkern nicht stattgefunden. In der Truppe findet sich kein einziger Neuling. Eine produktive Reibung von und Auseinandersetzung mit unterschiedlichen Humorkulturen kommt nicht in Gang. Man arbeitet am Paradox, Verrücktheit ohne Verrückung erhalten zu wollen. Insofern sind auch die Stunker und ihr Publikum typisch kölnisch. Sie bleiben sich treu. Und der Tag scheint nicht mehr fern, in der bei der Stunksitzung das Kölsch in der Schnabeltasse serviert wird und mit geschwellter Veteranenbrust die vergangenen Großtaten der 80er-Jahre gefeiert werden – Endstation Sentimentalität.

Fußball und der sentimentale Frohsinn

In Köln erinnert selbst der Fußball eher an ein Karnevalshappening als an Leistungssport. Denn beim Besuch der Spiele vom 1. FC Köln feiert sowohl das Gefühl kollektiver Verschmelzung als auch die Sentimentalität ihre fröhliche 14-tägige Wiederkehr. Sicher hat der Fußball in anderen Städten auch Volksfestcharakter, im Vordergrund steht dort jedoch der Leistungs- und Ergebnisaspekt des Wettkampfs: Es geht dem Fan um ein sportliches Kräftemessen, um Sieg oder Niederlage, um den Tabellenstand am Ende des Spieltags. In Köln hingegen gerät das Kräftemessen zum Messefeiern. Der Lustgewinn des Feierns scheint dabei weitgehend entkoppelt vom Spielergebnis.

Das hat zur Folge, dass der Zuspruch zum FC und das Publikumsinteresse von der Ligazugehörigkeit unabhängig sind. Das Stadion ist auch in der Zweiten Liga fast immer ausverkauft. Die Zahl der verkauften Dauerkarten hat den zulässigen Höchstwert erreicht. Die Zahl der Mitglieder hatte nach dem letzten Abstieg im Jahre 2006 die 30.000 weit überschritten. Die Anteilnahme am FC scheint also sogar in einem umgekehrt proportionalen Verhältnis zum sportlichen Erfolg zu stehen. Ein sicherlich einzigartiges seelisches Kunststück, das eine nähere psychologische Betrachtung verdient.

Wer jemals ein Heimspiel des FC persönlich besucht hat, dem wird auffallen, dass das Stadion bereits eine knappe Stunde vor Anpfiff stark besucht ist. Die Zuschauer schauen wenig interessiert den Spielern beim Aufwärmtraining zu. Sie geraten vielmehr selbst in eine immer wärmere, aufwallendere und glühendere Stimmung. Sie singen die kölschen Lieder mit, die aus der Stadionanlage pulsieren oder die live von den Höhnern oder Bläck Fööss präsentiert werden. Das ganze Stadion wird zu einem vielstimmigen Sangesorkan. Zuschauer beschreiben, wie sie zum Teil mit Tränen in den Augen dieser Beschwörung und Inszenierung kölschen Pathos lauschen. Wildfremde Menschen rücken zusammen, schwenken gemeinsam ihre Schals oder Fahnen und steigern sich in einen Zustand tosender Ergriffenheit. Ihren kulminativen Höhepunkt erreicht diese sentimentale Orgiastik, wenn das FC-Lied oder das „Viva Colonia" erklingt. Nun erhebt sich wirklich jeder von seinem Sitz, schmettert mit und schaut beseelt zum Himmel. Die Spannungskurve hat zu diesem Zeitpunkt ihren Höhepunkt überschritten, nie war man der Erlösung und dem Paradies so nahe wie in diesem Moment.

Der Beginn des Spiels bringt dagegen einen Kompressions-verlust mit sich. (Es sein denn, es handelt sich um ein Spiel, in dem es wirklich um alles geht.) Die Leidenschaft der Kölner hat sich bereits gefunden, gesteigert und erschöpft. Die Wirklichkeit des Spiels scheint im Vergleich zur glorreichen Geschichte als blasse Realität. Rudi Völler brachte diesen Umstand einmal auf die Formel, dass die Kölner Zuschauer für die Zeit zwischen 15.00 h und 15.30 h bezahlen. Die Spieler spüren, dass für die Zuschauer die Schlacht bereits geschlagen ist. Der zündende Funke springt von den Rängen nicht auf den Platz, die Begeisterungssalven sind bereits abgefeuert und abgefeiert.

Die Zuschauer bleiben aber die Gewinner. Sicherlich, das Spiel kann kippen, aber der FC und das „kölsche Jeföhl" werden nie untergehen. Durch diese tröstliche Gewissheit wappnen sie sich gegen den Schmerz einer möglichen Niederlage. Dabei produzieren sie allerdings unbewusst eine self-fulfilling prophecy. Der eigene Gleichmut, der sich zur Scheißegal-Attitüde steigern kann, überträgt sich auf die Spieler, die nach Rückschlägen eine ebenso resignative Hingabe zeigen wie das Publikum. Ein wütendes Aufbäumen, ein trotziges Dagegenstemmen, ein unbedingter Siegeswille im Hier und Jetzt kann es nur geben, wenn man in der existenziellen Klemme steckt und es keinen einfachen Ausweg gibt. Die normale Niederlage, die nicht zum Abstieg oder Nichtaufstieg führt, beschenkt den Kölner letztendlich mit den Intensivierungen der Sentimentalität: Warum sich auch über diese Rückschläge ärgern, wo sich das geteilte Leid im sentimentalen Frohsinn doch so schön auskosten lässt?

Die Lebens-Versicherer: Klüngel, Schotter und Heilsbringer

Ich hatte im ersten Kapitel herausgestellt, dass die Kölner Kultur durch den seelischen Widerstreit zwischen überbordenden Größenphantasien und einem unstillbaren Hunger nach gemütlicher, ungezwungener Lebenslust geprägt ist. Im zweiten Kapitel hatte ich mich der Kölner Mentalität von seiner – in der öffentlichen Reputation – eher liebens- und beklatschenswerten Seite angenähert. Denn die ‚gekonnte Unentschiedenheit', ‚die optimistische Schicksalsergebenheit', das ‚ewige Werden' oder der ‚sentimentale Frohsinn' zeigen die verrückten, aber auch weitgehend teilnahmslosen und wohlgefälligen Formen der Kölner Lebenskunst auf. Diese eher jecke, aber harmlose Seite wird auch von den Kölnern gerne in das Zentrum ihrer Selbststilisierung gerückt. Das klingt vor allem in Willy Millowitschs Karnevalsklassiker „Ich ben ene kölsche Jung" an, dessen Lebenssinn sich im Lachen, Bravsein und im Kölle Alaaf kulminiert.

In diesem Kapitel werde ich mich mit den Formen beschäftigen, die in erster Linie der Lebenssicherung und Alltagsstabilisierung dienen. Auch hier – im Klüngeln, in der Profitgier, der Abschottung der Kölner und ihrem verhängnisvollen Hang zu Wunderheilern – wird sich die virtuose Lebenskunst der Kölner zeigen. Aber sie ist stärker eingefärbt von der profanen Not des Lebens.

Klüngeln und Schunkeln

In der germanischen Mythologie spinnen die Nornen die Schicksalsfäden des Menschen. Unheil und Tod drohen, wenn dieser Faden reißt. Um gegen diese himmlische Willkür und die Wechselfälle des Lebens gefeit zu sein, haben die Kölner kunstvolle Lebensversicherungssysteme kultiviert. Sie wappnen sich gegen den drohenden Fadenriss, indem sie einfach die unterschiedlichen Lebensfäden in ihrer Umgebung miteinander verknäulen und verklüngeln. (Der Begriff Klüngel bezeichnet ursprünglich ein Fadenknäuel.) Der Klüngel ist der kölsche Prototyp der Lebensversicherung und der Alltagsorganisation. Eine der kürzesten und einfachsten Definitionen des Klüngelns stammt von Konrad Adenauer: „Mer kennt sich, mer hilft sich."

Psychologisch betrachtet ist Klüngeln also der Versuch, die Amplituden des Schicksals am allzu heftigen Ausschlagen zu hindern, indem man alle erdenklichen Lebensinteressen miteinander verwickelt. Im Klartext: „Eine Hand wäscht die andere." Die gegenseitige Handwaschverpflichtung leistet dabei dreierlei: Sie begrenzt erstens die Risiken des Handelns und die Gefahr eines Absturzes, weil der Klüngel einen wie ein Netz auffängt. Sie verhindert zweitens Streit und Händeleien, weil eventuell gegensätzliche Interessen bereits so kunstvoll verflochten wurden, dass unter dem Strich jeder profitiert. Die bereits beschriebene gekonnte Unentschiedenheit der Kölner ist somit eine Vorbedingung dieser bestrickenden Kompromissfähigkeit. Und drittens vereinfacht sie viele alltägliche Handlungen – vor allem den Umgang mit Ämtern und Behörden. Wieso einen mühseligen Prozess gegen den Amtsschimmel führen, um seine Interessen durchzusetzen, wenn man das kurzerhand unter der Hand regeln kann? Vor allem in der heutigen Zeit zunehmender seelenloser Formalisierung und Bürokratisierung bringt das Klüngeln ein menschliches Maß in amtliche Entscheidungsfindungen.

Als junger Student habe ich selbst einmal von diesem menschlichen Maß und der unter Kölnern gepflegten Loyalität profitiert. Die Kölner Polizei wurde von ihren Kollegen aus Stuttgart um Amtshilfe gebeten. Ich war bei einer zu schnellen Autofahrt geblitzt worden. Nun sollte anhand des Beweisfotos geklärt werden, ob ich als Fahrzeughalter auch tatsächlich der Fahrer gewesen bin. Der Kölner Polizist legte mir auf der Polizeiwache das Foto vor, das eines der besten Fahrerporträts von mir darstellte, das ich bislang gesehen hatte. Doch bevor ich mich zu dem Foto äußern konnte, bemerkte er mit kölscher Einvernehmlichkeit: „Also, ich erkenne hier beim besten Willen keine Ähnlichkeit, und Sie?" Ich pflichtete ihm verdutzt bei, und mit dem Aktenvermerk ‚Fahrer nicht identifizierbar' wurde der Vorgang beendet.

Das Klüngeln fermentiert und strukturiert den Alltag der Kölner. Es findet in Freundes-, Kollegen- oder Nachbarschaftskreisen statt. Letztlich findet man immer jemanden, der einen kennt, der einen kennt und der einem dann hilft. Mittlerweile gibt es bereits gemeinnützige Vereine wie „Kleine Hilfe Köln e.V.", die die Grundidee des Klüngels – die tätige Hilfe im Nachbarschaftskreis – semiprofessionell weitertragen. Das Ziel dieses privaten sozialen Netzwerkes ist es, mit konkreten Sachleistungen – vom Kühlschrank bis zum Essensgeld – oder persönlichen Dienstleistungen – vom Amtsgang bis zum Streetworking – vor allem diejenigen zu unterstützen, die keinen kennen oder die durch das Raster der Bürokratie fallen. Die vom Verein proklamierte Hilfe zur Selbsthilfe ist daher letztendlich nichts anderes als die Anleitung zum Klüngeln. Darum ist die Kleine Hilfe Köln im Grunde genommen ein Missionswerk rheinischen Klüngelns.

Die Kölner sind von jeher stolz auf ihre schicksalsabfedernde Sozialtechnik vorsorglicher Absprachen und gegenseitiger Verrechnungen: Als 1958 ein Glockenspiel mit 48 Klangkörpern im Rathaus angebracht wurde, versahen die Handwerker die größte Glocke mit einer Widmung für Konrad Adenauer, der, bevor er der erste deutsche Bundeskanzler wurde, in Köln Oberbürgermeister war: „Unse Schirmhär, dä Kunrad, dä janz jroß hück regiert, hät als Meister der Bürger dat am Rothus durch der Klüngel geliehrt." („Unser Schirmherr, der Konrad, der heute ganz groß regiert, hat das als Bürgermeister im Rathaus durch den Klüngel gelernt.")

Seine ersten Erfahrungen hatte Adenauer bereits während der Schulzeit gesammelt. Über einen Schulfreund besorgte er für seine Klasse die Abituraufgaben: „Damit es nicht auffiel, dass sie die Themen und Texte kannten, mussten die Abiturienten auf Adenauers Vorschlag hin, über den demokratisch abgestimmt wurde, entsprechend ihren Leistungen einige Fehler in den Examensarbeiten machen. So bestanden sie das Abitur […] ohne Anstrengung." (Winter, 1976, S. 38)

Ein dem Klüngeln verwandtes Phänomen ist das ebenso heißgeliebte Schunkeln – hier verwächst ein Arm mit dem anderen. Auch beim Schunkeln versucht man, den Widerstreit verschiedener Entwicklungsrichtungen auszutarieren, ihn zu vermitteln und aufzuheben. Auch beim Schunkeln wird eine ungeheure Bewegtheit produziert, die aber letztlich nicht von der Stelle kommt und die bestehenden Verhältnisse wahrt. Schunkeln ist somit die motorische Umsetzung des Klüngelns – der gesellige Charakter beider Phänomene ist unverkennbar.

Korruption und Verklumpung

Klüngeln ist die sozialverträgliche Variante der Korruption. Frank Überall kommt sogar zu der zugespitzten These: „Ohne (positiven) Klüngel ist Demokratie wohl praktisch nicht machbar." (Überall, 2008, S. 5) Aber die Übergänge zwischen Klüngeln und Korruption sind fließend oder besser gesagt verfestigend. Darum ergänzt Frank Überall auch seine Klüngel-Definition durch den Hinweis: „Klüngel ist nicht gleich Korruption, es gibt aber die latente Gefahr des ‚Abrutschens' von Klüngel-Beziehungen in korruptive Verhaltensweisen." (Überall, 2008, S. 17)

Diese Verfestigungsgefahr des Klüngelns besteht laut Frank Überall vor allem dann, wenn aus alltäglichen ‚situativen Kooperationen' organisierte ‚Netzwerke' werden. Hier verkehrt sich das soziale und Demokratie stabilisierende Moment des Klüngelns. Bei der Korruption geht es nicht mehr um den gegenseitigen Interessensausgleich, sondern um persönliche Vorteilsnahme und Profitmaximierung unter Ausschluss der Konkurrenz. Eigene Interessen werden ohne Rücksicht auf das Gemeinwohl durchgesetzt, weil die „persönlichen Verbindungen wichtiger als die Sache werden". (Überall, 2008, S. 232) Das bewegliche und menschliche Austarieren des Klüngelns, von dem auf lange Sicht alle profitieren, bleibt auf der Strecke. Denn korrupte Netzwerke zeichnen sich nicht nur durch ihre Asozialität, sondern auch durch zunehmende Undurchlässigkeit aus. Ihre Verfestigung oder Verfilzung wird durch die Verstrickung in einer gemeinsamen Schuld gefördert. Die Gefahr ist groß, dass sich dabei mafiöse Strukturen und Seilschaften bilden, ein hermetischer Kreis von Profitären, der immer undurchdringlicher wird und der sich durch bessere Ideen oder neue Entwicklungen nicht aufbrechen lässt. Korrupte Systeme werden dadurch entwicklungs- und fortschrittsfeindlich. Sie errichten mentale Stadtmauern, die alles Fremde, Neue und Andere abwehren.

Dieses Kippen von beweglichem Klüngel in starre Korruption hat in Köln Tradition. Dabei kennt die Kölner Stadtgeschichte durchaus wackere Kämpfer gegen den Klüngel: Im Jahr 1680 haben Nikolaus Gülich und seine Mitstreiter mit einem öffentlichen Aufstand gegen den Klüngel im Kölner Rathaus opponiert. Unter ihrem Druck musste der Stadtrat klein beigeben und einen Untersuchungsausschuss einberufen, „Wahlbetrug, Ämtermissbrauch und Veruntreuung städtischen Eigentums durch Bürgermeister und Beamte wurden aufgedeckt". (De Nuys, 2001, S. 48) Gülich führte seinen Feldzug gegen den Klüngel mit aller Entschiedenheit: Widersacher ließ er ins Gefängnis werfen oder köpfen. Aus der Protestbewegung ging schließlich eine eigene Partei hervor. 1686 wendeten sich jedoch die Machtverhältnisse: Gülich wurde ebenso Ämtermissbrauch vorgeworfen und ihm wurde der Prozess gemacht. Er wurde enthauptet und sein Kopf auf der sogenannten Schandsäule öffentlich ausgestellt. Sein Wohnhaus wurde zerstört und es wurde festgelegt, dass an diesem Platz nie mehr ein Gebäude errichtet werden darf. Heute ist die Schandsäule verschwunden, bezeichnenderweise steht an ihrer Stelle der Fastnachtsbrunnen. Köln stellt eben lieber seine heitere bewegliche Seite zur Schau als seinen Hang zu finsteren Verfestigungen.

Wer sich für die aktuellen Umtriebe in den Grauzonen zwischen kölschem Klüngel und Korruption interessiert, dem sei das hervorragend recherchierte und gut lesbare Buch „Der Klüngel" von Frank Überall empfohlen. Dort findet der Leser Einblicke in den Kölner Müll- und Spendenskandal, die Finanzierung der Kölnarena, in Schmiergeldzahlungen beim Bau der Müllverbrennungsanlage. Die Verteilung der Schulleiterposten wird ebenso als Fallstudie aufgearbeitet wie der Streit über den Straßenstrich. Im Rahmen unseres psychologischen Zusammenhanges werde ich nun der Frage nachgehen, wieso gerade Köln für die schädliche Verfestigung des an sich produktiven Klüngelns so anfällig ist.

Abschotten und Abschottern

Der Übergang vom Klüngel zur Korruption wird in Köln begünstigt durch eine Haltung, die eine Profit- oder Erfolgsmaximierung bei gleichzeitiger Aufwandsminimierung anstrebt. Den Kölnern kommt dabei zugute, dass Kaufen und Verkaufen immer auch eine soziale Interaktion ist. Vertrauen, menschliche Zugewandtheit oder Humor sind daher in Köln ebenso schlichte wie wirksame soziale Gleitmittel für geschäftliche Abschlüsse.

Vor einigen Jahren war ich auf der Suche nach einem Haus in Köln. Ein Makler vermittelte mir ein nettes Reihenhaus mit einem kleinen Garten, das allerdings recht renovierungsbedürftig war. Mit väterlicher Fürsorglichkeit und vertrauensvoller Kennermiene bot er mir an, mir die notwendigen Gewerke zu vermitteln. Als Makler kenne er sich natürlich in Köln aus, verfüge über exzellente Kontakte und könne sicherstellen, dass ich mit seinen Handwerkern mindestens 30 % günstiger fahren würde, als wenn ich mich selbst auf die Suche machte. Ich war sehr erfreut über dieses Angebot und holte bei den empfohlenen Gewerken einen Kostenvoranschlag ein. Der war aber 40 % teurer als die Vergleichsangebote, die ich über eine befreundete Architektin einholte. Vermutlich hatte sich der Makler seine Vermittlungsarbeit bei den Gewerken vergüten lassen. Die wiederum hatten in dem Glauben, einen sicheren Kunden am Haken zu haben, mit stumpfem Bleistift kalkuliert. Geschäftstüchtigkeit und Profitmaximierung auf Kölner Art getreu dem Motto: „Die schönste Vision ist die Provision."

Das Beispiel führt uns zum Kölner Stapelrecht, mit dem bereits im Mittelalter die Profitgier in Köln dynamisiert wurde. Die Kaufleute, die ihre Waren über den Rhein schifften, mussten sie in Köln ausladen und drei Tage lang zum Verkauf anbieten. Erst danach durften die Kaufleute mit den Resten weiterziehen. Ein Recht, das vor allem bei schnell verderblichen Waren wie Milchprodukten, Fisch oder Fleisch die Verkäufer in eine schlechte Verhandlungsposition brachte und den Kölner Bürgern beträchtlichen Reichtum verschaffte.

Auch der Reliquienhandel wurde dem Kölner Prinzip der Profitmaximierung bei Aufwandsminimierung gerecht. Berühmt geworden ist der Handel mit den Gebeinen der Heiligen Ursula, die der Sage nach mit 10 weiteren Jungfrauen vor den Toren Kölns den Märtyrertod durch Attila und seinen Hunnen erlitt. Die 11 Tränen oder Flammen im Kölner Stadtwappen repräsentieren diese elf Jungfrauen. Knochenteile dieser Märtyrerinnen wurden lange Zeit in Köln zum Verkauf angeboten. Um den Käufern glaubhaft zu machen, wieso der Knochenvorrat nie versiegte, wurde die Zahl der Märtyrerinnen Schritt für Schritt auf 111 und schließlich auf 11.000 Jungfrauen heraufgesetzt. Der Knochennachschub wurde durch die Schändung eines antiken Friedhofs gewährleistet.

Außerordentlich geschäftstüchtig hatten sich die Kölner bereits 1164 durch den Coup gezeigt, die Gebeine der Heiligen Drei Könige nach Köln zu holen. Köln wurde dadurch zu einem der wichtigsten europäischen Pilgerzentren. Heute hat allerdings das Dreigestirn den Heiligen Drei Königen den Rang abgelaufen. Der mittelalterliche Pilgerzug hat sich in einen Karnevalszug verwandelt, der jedes Jahr eine Million

Menschen anlockt und von vielen Millionen im Fernsehen verfolgt wird.

Aber die hinter karnevalesker Liebenswürdigkeit versteckte Profitgier der Kölner ist nicht der einzige Grund für die Verfestigungstendenzen des Klüngelns. Schließlich finden wir sie nicht nur in Köln, sondern überall. Denn ohne Klüngel muss man sich dem Wettbewerb stellen, und das bringt nicht nur ökonomische Verluste, sondern auch seelische Kränkungen mit sich. Auf diese Kränkungsgefahr reagiert man in Köln besonders sensibel.

Die Frage nach dem Eigenwert

Die Scheu vor einem offenen Wettbewerb weist darauf hin, dass der Kölner sich nicht wirklich sicher ist, ob sein Können ausreicht, um den Sieg davonzutragen. In den Tiefeninterviews wurden immer wieder Zweifel laut, ob man als Kölner einem anderen Parkett gewachsen ist. Man fragt sich, ob Köln im Vergleich mit anderen Städten wie zum Beispiel Düsseldorf mithalten kann. Die Fehde mit Düsseldorf ist vor allem darin begründet, dass man insgeheim fürchtet, die Düsseldorfer könnten doch schöner, versierter oder wirtschaftlich erfolgreicher sein. Der Stachel der Kränkung sitzt immer noch tief, dass Düsseldorf und nicht Köln die Landeshauptstadt ist, dass Bonn und nicht Köln die Bundeshauptstadt war.

Aktuell erlebt man es als niederschmetternde Bestätigung geheimer Befürchtungen, dass trotz Dom und der glorreichen Vergangenheit nicht Köln Europas Kulturhauptstadt geworden ist, sondern Essen. Und jetzt schicken sich noch die türkischen Mitbürger an, dem Wahrzeichen Kölns, dem Dom, eine Moschee entgegenzusetzen. Dass der Streit um die Moschee vor allem an der Frage der Höhe der Türme ausgetragen wird, verweist auf die Sensibilität der Kölner in Fragen der eigenen Größe.

Diese Sorge, dass die eigenen Leistungen weniger wert sein könnten und man dadurch im Vergleich unterliegt, ist nicht in einer tatsächlich reduzierten Begabung oder Leistungsfähigkeit der Stadt begründet. Sie ist vielmehr Ausdruck der bereits beschriebenen Lebenskunst der Kölner. Der Preis ihrer gekonnten Unentschiedenheit ist, dass auch das eigene Können und das Nichtkönnen unentschieden nebeneinander stehen bleiben. Man ist zwar im Vorfeld ungemein virtuos im Lavieren und Austarieren seiner Chancen, aber gelingen auch die konkreten Werke und Prüfungen? Diese Antwort und die damit verbundenen Nagelproben versucht Köln zu umschiffen oder im ewigen Werden zu erbringen.

Das führt dazu, dass Köln im Ausmessen und Austräumen der Wirklichkeit unschlagbar ist, aber bei der tatsächlichen Erfüllung seiner Wünsche häufig versagt. Lukas Podolski hat das einmal mit einfachen Worten auf den Punkt gebracht. Als er in einem Interview gefragt wurde, wieso er eine hundertprozentige Chance nicht wie gewohnt verwertet habe: „In Gedanken hatte ich ihn [den Ball] schon reingemacht ..." Die Vorgestalt mit ihren unerschöpflichen Entwicklungsmöglichkeiten und Größenphantasien ist dem Kölner lieber als die faktische Tat oder Endgestalt. Diese Eigenart hatte ich ja schon im Zusammenhang der Finalisierungsscheu des Heimwerkens oder beim Austräumen der Kölner Herrlichkeit im Fußballstadion in der Stunde vor dem Anpfiff herausgestellt.

Aber der Fußballer oder der Ritter, der immer nur von seinen Turnieren und Siegen träumt, erfährt letztlich nicht, ob er wirklich der Bessere ist. Wer sich nicht den Zerlegungen des Wettkampfes aussetzt, bleibt im Hinblick auf sein wahres Können unsicher. Größenvorstellungen wechseln dann schlagartig mit nagenden Zweifeln an der eigenen Potenz oder Meisterschaft. Er befindet sich in einer Art manischen Depression. Dieser Wechsel zwischen himmelhoch jauchzend und zu Tode betrübt charakterisiert die Kölner Befindlichkeit. Vor diesem Hintergrund ist das Klüngeln auch ein Bollwerk gegen den Selbstzweifel. Denn durch den Klüngel im Inneren und das Abschotten nach außen entzieht man sich der Konkurrenz und sorgt dafür, dass man sich nicht in Frage stellen muss.

Bei einem Blick in die Stadtgeschichte fällt auf, dass die sich heute als so tolerante und weltoffen gebende Stadt Köln über Jahrhunderte durch ihre Stadtmauern geprägt war. Bereits die Römer hatten die Stadt mit einer Mauer umzogen und zu einer Festung ausgebaut. Auch als Köln im 5. Jahrhundert keine römische Stadt mehr war, stand die Römermauer noch und bot den Menschen Schutz. Im Mittelalter wurde dann die große Stadtmauer errichtet, die erst gegen Ende des 19. Jahrhunderts der Stadtentwicklung zum Opfer fiel. Die hermetische Abschottung nach außen bietet zwar Schutz vor Anfeindungen, sie verhindert aber auch die fruchtbare Auseinandersetzung mit fremden Einflüssen und neuen Strömungen. Wenn man sich dabei auch noch in sich selbst verklüngelt und nur noch von seinen glorreichen geschicht-lichen Besitzständen zehrt, droht langfristig der Niedergang der Stadtkultur. In einem solchen Zustand desolater Erstar-rung befand sich Köln vor mehr als 200 Jahren:

„Am Ende des 18. Jahrhunderts befand sich die einst so stolze freie Reichsstadt Köln in einem desolaten Zustand. Religiöse Intoleranz und starres Zunftdenken hatten dazu beigetragen, dass die alten Exportgewerbe praktisch unterge-gangen waren und neue Gewerbe und neue gewerbliche Or-ganisationsformen in Köln nur schwer Fuß fassen konnten. Die Folgen waren Bevölkerungsstillstand und ein sich aus-breitender Pauperismus. Die Universität führte nur noch ein Schattendasein. Die Stadtverwaltung war ineffektiv und von einer oligarchischen Klüngelwirtschaft bestimmt. Nach dem Stadtbild zu urteilen schien Köln mit seinen beherrschenden romanischen Kirchen im späten Mittelalter erstarrt zu sein." (Gohrbandt et al., 2005, S. 74)

Eine neue Entwicklungs- und Blütezeit der Stadt im Hin-blick auf gleiche Bürgerrechte und Religionsfreiheit vollzog sich durch die von außen erzwungene Öffnung beinahe un-freiwillig: „Um die Wende zum 19. Jahrhundert wurde Köln plötzlich und vehement in eine neue Zeit gestoßen, zunächst durch die französische Besatzung und ab 1815 durch die Preußen, die zum Teil fortführten, was die Franzosen ange-stoßen hatten." (Gohrbandt et al., 2005, S. 74)

Mentale Stadtmauern

Auch heute noch changiert Köln zwischen einer fruchtbaren Weltöffnung, die auch kontroversere Auseinandersetzungen sucht, und einer kleinkarierten Abschottung, die sich mit sich selbst begnügt. Letztere manifestiert sich häufig in einem für einen Großstädter erstaunlich kleinen Lebensradius. Viele der älteren Probanden bekannten im Tiefeninterview freimütig, dass sie in ihrem bisherigen Leben ihr Veedel, beispielsweise die Südstadt oder Ehrenfeld, nur selten verlassen hätten. Bereitwillig richten sie sich in einer vertrauten Umgebung ein, die ihnen wenig abverlangt. Köln schrumpft zusammen auf ein Veedel und das Veedel weitet sich zu einer ganzen Welt. Zu einer kompletten Welt im Kleinen.

Ein Ehemann berichtet, er und seine Frau hätten beinahe das ganze Leben in der Südstadt verbracht. Zur Goldenen Hochzeit sind sie dann dem Ruf der Welt gefolgt. Sie haben sich gemeinsam eine sechswöchige Kreuzfahrt geschenkt. Doch nach zwei Wochen wollten sie schon wieder nach Hause. Selbst die weltmännischeren und reiselustigen Kölner betonen immer wieder den Sog der Heimat: „Schön am Reisen ist es immer wieder, nach Köln zurückzukehren."

Mit offenem Argwohn reagieren viele Kölner, die eben noch im Interview die rheinische Toleranz gefeiert haben, auf die große Anzahl der ausländischen Mitbürger in Köln: „Der Eigelstein ist in türkischer Hand. Von zehn Leuten sind acht Ausländer. – Ehrenfeld und vor allem die Venloer Straße sind ungemütlich. An jeder Ecke ein türkischer Laden." Aber diese Ressentiments gegen das Fremde werden meist nur verbal ausagiert. Die Scheu vor dem Fremden manifestiert sich eher durch die strikte Meidung bestimmter Gegenden oder Stadtteile als in offener Gewalt.

Mentale Stadtmauern werden aber auch durch eine gestrenge Definition des Kölnischen errichtet: Es ist genauestens festgelegt, wer Kölner, wer Kölscher und wer „Immi" (Immigrant) ist. Dabei korrespondiert die Toleranz der Kölner innerhalb der Stadtmauern mit ihren Vorbehalten gegenüber Nichtkölnern, das heißt Bergheimern, Siegburgern, Bonnern oder Bergisch Gladbachern. „Ich hab' nichts gegen Fremde, […] aber diese Fremden sind nicht von hier." So Methusalix aus den Asterix-Heften. Dieser Ausspruch könnte auch aus einem Kölner Mund stammen. Von den Fremden erwarten die Kölner, dass sie sogleich den Treueschwur auf Köln leisten, das Wesen der Kölner akzeptieren und hofieren. Wenn sie den Dom bewundern, das Kölsch getrunken und die Mentalität der Kölner gelobt haben, sind sie angenommen und in Ehren eingemeindet. Auf diese Weise ‚eingeklüngelt' kann der Immi mit der Liebe und Toleranz der Kölner rechnen.

Die Idealisierung der Heimat, die die Kölner den Fremden als Willkommenspfand abverlangen, betreiben sie selbst auf beinahe manische Weise. Sie zelebrieren eine mitunter zwanghaft anmutende Stilisierung der eigenen Geschichte, Identität und Stadtkultur. Köln feiert gerne und am liebsten sich selbst. Kaum ein Monat vergeht, in dem nicht eine Umfrage die besondere Stellung der Stadt, die Liebe der Bürger zur Stadt oder das hohe Ansehen Kölns im Ausland dokumentiert.

In den Liebeserklärungen, die manche Kölner ihrer Stadt in den Tiefeninterviews machen, schwingt beinah so etwas wie religiöse Gewissheit mit: „Die kölsche Seele ist ein Gefühl, das ist Herzblut, komme, was da wolle."

Die Heilsbringer

In ihrer Selbststilisierung erfüllen sich die Kölner das, was im ewigen Werden und kunstvollen Offenhalten nicht verwirklicht wird. Dennoch bleibt ihr Wunsch nach tatsächlicher Größe, nach Ruhm und Macht erhalten. Er ist mit dem inbrünstigen Eiapopeia kölscher Glückseligkeit nicht zu stillen. Auch in Köln schafft Folklore keine volle Klarheit. Eine schmerzliche Differenz zwischen gefühlter und verwirklichter Bedeutung bleibt. Diese Lücke soll in Köln durch Heilsbringer gefüllt werden.

Diese Sehnsucht nach einem Heilsbringer, der das Schicksal wendet, der alles richtet und die Sehnsüchte nach Größe auf bequeme Weise erfüllt, lässt sich am besten anhand des Fußballs beschreiben. Wie bereits bekannt und ausgeführt, wird der 1. FC Köln seinem eigenen Anspruch nach deutscher Erstklassigkeit und europäischem Format nicht vollauf gerecht. Stolz verweist man auf die Glanzzeit mit Wolfgang Overath und Hennes Weisweiler, in der Köln im Jahre 1978 sowohl Meister als auch Pokalsieger war. Glanzvoll waren auch die Erstligajahre mit Christoph Daum, als man den Bayern Paroli bieten konnte. Wolfgang Overath und Christoph Daum avancierten aufgrund dieser geschichtlichen Erfolge zu fast sagenhaften Heilsbringern. Hennes Weisweiler hingegen stieg aufgrund seines frühen Todes zum kölschen Heiligen auf.

Fast ein Jahrzehnt nach einer Reihe von schlechten Spielen oder Platzierungen ertönte der Schrei nach dem Erlöser. Wolfgang Overath sollte endlich Präsident werden. Mit ihm würde der alte Glanz wiederkehren. Im Juni 2004 wurde Overath schließlich Präsident des Vereins und er plante, Köln innerhalb von vier Jahren ans internationale Geschäft heranzuführen. In der nächsten Saison gelang ihm der Wiederaufstieg. Allerdings stieg der FC im Jahr danach sogleich wieder ab. Heilsbringer gehören leider nicht zum Plan der Natur. Aber in unseren Träumen und Wünschen sind sie unauslöschlich. Zwar gestehen wir ein, dass ein bestimmter Mensch doch nicht der ersehnte Heilsbringer war, aber an dem grundsätzlichen Glauben an deren Existenz und Macht halten wir fest. Die Rolle des Heilsbringers müssen wir dabei ständig neu besetzen.

Nach dem erneuten Abstieg im Jahre 2006 schlüpfte Christoph Daum in die Rolle des Heilsbringers. Wenn er, der letzte große Trainer der Kölner, wieder zurückkehren würde, stünde eine glorreiche Zukunft vor der Tür. Nachdem dann Daum am Ende des Jahres 2006 tatsächlich nach langem Zögern einwilligte, nach Köln zurückzukehren, wurde er von den Medien und den Fans wie ein Messias gefeiert. Die erhofften wundersamen Erfolge stellten sich jedoch auch mit Daum nicht ein. Im ersten Jahr wurde der Aufstieg knapp verpasst. Im zweiten Jahr gelang er beinahe schon unerwartet in einem furiosen Endspurt. Der Heilsbringer hatte dadurch schon etwas von seinem Nimbus eingebüßt und wurde mitunter nicht als Daum, sondern als Däumling tituliert. Die drohende Hoffnungsvakanz wurde vorsorglich schon mal durch Lukas Podolski gefüllt. Der immer noch blutjunge Kölner Stürmer wurde von den Kölnern als Prinz Poldi gefeiert. Dabei macht der Titel Prinz deutlich, dass Podolski ein Heilsbringer im Wartestand ist. Noch hält man ja an König Daum fest. Aber an Podolskis Rückkehr heften sich vorsorglich die Kölner Fußballträume.

Auch jenseits des Fußballs haben in Köln Heilsbringer Konjunktur. Im schon erwähnten Buch „Der Klüngel" von Frank Überall werden die politisch-wirtschaftlichen Hintergründe dargelegt, die zum Bau der Kölnarena führten. Die Kölner wurmte: Die „wirklich große[n] Konzerte von Spitzenstars gingen an Köln vorbei, weil die hiesigen Veranstaltungsorte eben kein Weltformat hatten. In dieser Situation wurde monatelang darüber diskutiert, wie die Stadt eine schöne Halle bekommen könnte, ohne dafür viel Geld auszugeben. An dieser Stelle trat der Esch-Immobilienfonds auf den Plan. Er bot der Stadt ein Kombi-Modell an" (Überall, 2008, S. 184), das letztlich zu einer neuen Stadtverwaltung und zur Kölnarena führen sollte. Heilsbringer können in der heutigen Zeit also auch Firmen, Fonds oder Kapitalgesellschaften sein, wenn sie eine wundersame und fast aufwandslose Erfüllung lang gehegter Sehnsüchte versprechen.

Die Befreiung von den Heinzelmännchen

Gefeierte Heilsbringer sind in der Kölner Sagengeschichte die Heinzelmännchen, die in ihrer wundersamen Kraft eher der Aufwandslosigkeit und Bequemlichkeit als der Metropolen-

Sehnsucht dienlich waren. Der Sage nach verrichteten die geschickten kleinen Helferlein des Nachts für die Kölner Bürger alle Arbeiten, die über Tag liegen geblieben waren oder nicht vollendet werden konnten. Sie taten das vollkommen unerkannt, niemand hatte sie jemals gesehen, denn ihre roten Mützen waren Tarnkappen. Die Kölner dankten den Zwergen ihre Hilfe, indem sie sie unbehelligt ließen und ihnen lediglich des Nachts kleine Speisen oder Getränke hinstellten.

Dies ging so lange gut, bis ein Schneider den Bogen überspannte: Er bekam den großen und prestigeträchtigen Auftrag, für den Bürgermeister einen Festtagsanzug zu schneidern. In seinem Übermut versprach der Schneider – im Vertrauen auf die Heinzelmännchen –, das große Werk bereits am nächsten Tag zu vollenden. Hinzu kam, dass die Schneidersfrau von großer Neugierde geplagt wurde. Sie wollte nicht ruhen, bis sie den Unsichtbaren auf die Schliche gekommen war. Mit einer List wollte sie ihnen ihre Tarnung entreißen. Also streute sie nachts Erbsen auf die Treppe, versteckte sich und wartete auf das Eintreffen der Helferlein. Die rutschten auf den Erbsen aus und purzelten unter lautem Gepolter die Treppe hinunter. Die Schneidersfrau trat mit ihrer Laterne aus dem Versteck und erhellte das Geheimnis der Heinzelmännchen. Wütend schworen die Zwerge Rache, setzten ihre Kappen wieder auf, verschwanden und waren nie wieder gesehen.

In der bisherigen Lesart der Sage wird die Neugier der Schneidersfrau für das Ende des paradiesischen Zustandes verantwortlich gemacht. Aus psychologischer Sicht greift diese Interpretation jedoch zu kurz. Ins Straucheln und Stolpern können selbst Heilsbringer geraten, wenn die in sie gesetzten

Erwartungen zu groß werden. Die Figur des Schneiders oder besser gesagt die Figuration des Größenwahns trifft eine Mitschuld. Denn er bürdete den Zwergen mit dem Festtagsanzug eine Großtat – ein Schneiderwerk für einen Monat – auf, die sie über Nacht erfüllen sollten. Das steht paradigmatisch für alle Heilsbringer in Köln. Sie sind letztlich zum Scheitern verurteilt, weil die Erwartungen einfach zu groß sind.

Zur Ehrenrettung der Schneidersfrau lässt sich aber noch eine weitere Überlegung anführen: Kann man im Zusammenhang mit der Vertreibung der Heinzelmännchen überhaupt von einer Schuld sprechen? Waren die Heinzelmännchen vielleicht sogar eher ein Fluch als ein Segen für die Stadt? Denn durch Helfer, die einem alles abnehmen, verliert man das Eigene, die Selbstgewissheit der eigenen Produktionen nach dem Motto „Ich werkle, also bin ich". Die damaligen ,sagenhaften' Instant- und Fast-Work-Zustände erweisen sich als trügerisches Paradies, das die Menschen von ihrer Arbeit entfremdet und sie ihres Werkstolzes beraubt. Gerade in der heutigen Zeit, in der die Heinzelmännchen in Form vom Internet, Fast Food, Mikrowelle und universellen Dienstleistungen wiederauferstehen, spüren immer mehr Menschen, dass ihnen das wirkliche Leben entgleitet. Durch ihre Tat beendet die Schneiderin daher einen Zustand fortschreitender Entmündigung. Sie tut das just zu einem Zeitpunkt, in dem die Effekte dieses Zustandes auf die Realitätswahrnehmung immer offensichtlicher werden: Das Unmögliche soll über Nacht möglich werden – ganz ohne eigenes Zutun.

Die Schneidersfrau ist die erste wirklich gute Psychologin Kölns. Sie begründet eine tiefenpsychologische Tradition in Köln, die – wie wir später sehen werden – einzigartig ist. Denn ihre sogenannte Neugier entspringt dem Wunsch, die geheimen Produktionsverhältnisse aufzudecken und zu entschlüsseln, die unsere großen und kleinen Werke bestimmen. Dazu muss man den Mut haben, Fragen nachzugehen und unbequeme Wege einzuschlagen. Und man muss bereit sein, die bestehenden Verhältnisse nicht einfach hinzunehmen, auch wenn sie noch so paradiesisch anmuten. Die Schneidersfrau führt die Menschen in eine doppelte Mündigkeit: in die Mündigkeit des selbstbestimmten Anpackens, die eben auch Mühe und Scheitern beinhaltet. Andererseits in die Mündigkeit der Erkenntnis, die Licht in das Dunkel unserer unbewussten Umtriebe bringt. Und schließlich zeigt die Schneidersfrau auch, dass die Erbsenstreuer die tiefgründigeren Psychologen sind als die sogenannten Erbsenzähler.

Betriebsgeheimnisse der Kölner Seele

Die Heinzelmännchen-Sage hat eine enge Verwandtschaft mit einem bekannten Grimm'schen Märchen, das vor einer möglichen Gefahr warnt, in die die Kölner Seele geraten kann. Auch dieses Märchen handelt davon, dass nachts ein zwergenhaftes Helferlein einer untätigen, weinenden und verzweifelten Tochter zu Hilfe kommt. Dreimal in Folge verrichtet er ein immer größeres Pensum an Arbeit für sie und rettet sie so vor dem Tod, der ihr droht, wenn sie die Aufgabe nicht erfüllt.

Dieses Heinzelmännchen tritt allerdings nicht als bescheiden-putzige Figur auf, sondern als forderndes und wütendes

Rumpelstilzchen. Das Märchen vom Rumpelstilzchen erscheint insgesamt drastischer, schonungsloser und unerbittlicher. Es verzichtet auf die nette und liebenswürdige Einkleidung und bearbeitet das Thema Großmannssucht, das in der Heinzelmännchen-Saga nur vage anklingt, wesentlich konsequenter: Zuerst beschreibt das Märchen, wie das Mädchen überhaupt in diesen weinerlich-sentimentalen Zustand hineingeraten ist. Ausgangspunkt der Klemme ist die Sehnsucht, das Unmögliche möglich zu machen. Der arme Müller hat vor dem König geprahlt, dass seine Tochter Stroh zu Gold spinnen könne. Großmannssüchtiges Wunschdenken begegnet uns auch in den anderen Figuren: Die Tochter hofft durch ihre Tat zur Königin zu werden. Der König will immer größere Reichtümer anhäufen und lässt die Tochter jede Nacht in eine noch größere Kammer voll Stroh sperren. Selbst im Namen Rumpelstilzchen klingt die Großmannssucht an, denn die Stilzchen sind Stelzen, mit denen sich Kleine groß machen können.

Allerdings wäre es zu einfach, überzogene Wünsche grundsätzlich zu verteufeln. Denn ohne Wunschträume, ohne Visionen und ideale Vorstellungen kann weder ein Mensch noch eine Stadt leben. Die Seele braucht ein verheißungsvolles Ziel, eine faszinierende Utopie, um ihre Kräfte und ihre Entwicklungsmöglichkeiten zu entfalten. Was wäre das alte Köln ohne die Vision eines Domes gewesen? Und was wäre das heutige Köln ohne den Traum von der Champions League oder seine Weltstadtsehnsucht? Psychologisch problematisch sind nicht die Wunschträume, sondern der verquere Umgang mit ihnen. Man könnte ja – wie beim Dombauprojekt – an seinem scheinbar unmöglichen Anspruch festhalten. Dann müsste man sich aber eingestehen, dass die Realisierung Jahrhunderte und unendlicher Zwischenschritte bedarf. Oder man könnte wie ein normaler Hausbauer seine Luftschlösser auf ein realisierbares Maß reduzieren. Durch planvoll-strukturiertes Vorgehen und unermüdliche Schaffenskraft verwirklicht man dann zwar nicht die Hollywood-Traumvilla, aber das eigene Heim.

All diese Maßnahmen und Zwischenschritte unterbleiben jedoch im Märchen. Die Tochter verharrt angstvoll in der Strohkammer, fängt an zu weinen und hofft auf ein Wunder. Vielleicht hätte sie die Situation entschärfen können, indem sie eingesteht, dass sie die Wundertat nicht vollbringen kann. Aber sie hält an diesem goldenen Selbstbild fest, obwohl sie weiß, dass sie vom Goldspinnen nichts versteht. Dadurch erstarrt sie in einer ‚vollmundigen Unmündigkeit‘ – einer lebensbedrohlichen Mischung aus fixiertem Größenwahn, totaler Abschottung und völliger Untätigkeit.

Im Gegensatz zur Heinzelmännchen-Sage thematisiert das Rumpelstilzchen den Preis dieser vollmundigen Unmündigkeit. Die Erfüllung der Wünsche ist nur durch ein Wunder möglich. Die Tochter gerät in Abhängigkeit vom Wundertäter und muss existenzielle Gegenleistungen für dieses Wunder erbringen. Zuerst muss sie ihr Halsband hergeben, dann ihren Ring und beim dritten Mal muss sie Rumpelstilzchen ihr Kind versprechen, das sie gebären wird. Das Märchen steigert die bedrohlichen Konsequenzen. Es mahnt: Verharrt man in seiner überspannten Lebenskonstruktion, büßt man nicht nur seine persönlichen Besitztümer, sondern auch seine Zukunft beziehungsweise Entwicklungsperspektive ein.

Wie nah das Märchen der Kölner Wirklichkeit kommt, zeigt der schon erwähnte Bau der wunderbaren Kölnarena durch den Esch-Fonds. Der Preis sind horrende Mietzahlungen an den Fonds, die die Entwicklung der Stadt über Jahre belasten werden. Und läuft nicht auch der FC Köln Gefahr, die Substanz des Vereines und damit seine Zukunftsfähigkeit zu gefährden durch immer größere Transfers, die der Heilsbringer Daum fordert, um Stroh zu Gold spinnen zu können?

Märchen zeigen die Sackgassen auf, in die unsere Lebensformen geraten können. Das Märchen warnt davor, dass die Lebensart der Kölner in einen unproduktiven Zustand der Erstarrung oder Lähmung geraten kann. Damit würde Köln das verlieren oder verraten, was seine einzigartige Lebenskunst auszeichnet – eine virtuos-verrückte Beweglichkeit. Der Selbstverrat der Kölner droht, wenn sich die Stadt in überzogenen Ansprüchen festbeißt, ohne Strategien und Konzepte dafür zu entwickeln, wie sich die Wunschträume Schritt für Schritt realisieren lassen, wenn man aus der Angst zu versagen lieber untätig bleibt und lediglich wehmütig weint oder jähzornig wütet, wenn man sich lieber abschottet, als den belebenden Austausch, den Wissenstransfer und Wettbewerb mit anderen zu suchen.

Die lebendige Zukunft wird in Köln verspielt, wenn der Anspruch nach Größe nur noch durch folkloristische Selbststilisierung bis zur Selbstbesoffenheit in den eigenen Stadtmauern aufrechterhalten werden kann – oder durch die völlige Hingabe an Wundertäter.

Märchen zeigen aber auch Lösungswege auf. Sie werben für Strategien, mit denen man aus lebensbedrohlichen Klem-

men wieder herausfinden kann. Die Tochter im Märchen darf ihr Kind behalten, weil sie beweglicher wird und versucht, ihr Schicksal aktiv zu wenden. Sie beginnt trickreich zu verhandeln und bekommt eine Chance: Gelingt es ihr, den Namen des Helfers herauszufinden, darf sie ihr Kind behalten. Diese beinahe unmögliche Aufgabe muss sie auch nicht über Nacht erfüllen, sondern sie hat drei Tage Zeit und damit die Möglichkeit, Fehler zu machen, dazuzulernen und sich weiterzuentwickeln. Sie beginnt wie die Schneidersfrau, ihren engen Lebenskreis zu überschreiten, sie wird neugierig, schickt Kundschafter aus und lernt die Welt kennen und die Realität zu verstehen. Und sie entwickelt spielerischen Humor. Die finale Identitätssuche zieht sie kunstvoll in die Länge. Sie verulkt dabei das Gernegroß des kleinen Rumpelstilzchens, indem sie augenzwinkernd mit den Extremen spielt. Sie hebt ihn in den Himmel der Heiligen Drei Könige, indem sie ihn als „Kaspar, Melchior, Balzer" anredet. Am nächsten Tag degradiert sie ihn zum Niedersten, zu „Rippenbiest, Hammelswade oder Schnürbein", und beim dritten Mal bringt sie ihn auf das Normalmaß eines „Kunz oder Heinz". Hier begegnet uns die Verschmitztheit der Schmitz-Säule wieder, die Jupp Engels und Neil Armstrong in eine Reihe stellt. Und hier klingt die verheißungsvolle Utopie eines verrückten Köln an, das sich der Welt nicht angstvoll unterwirft, sondern ihr mit respektloser Lust und Freude begegnet. Ein Köln, das in sich nicht erstarrt, sondern sich durch produktive Beweglichkeit und durch spielerisch-schöpferische Kraft immer wieder neu erfindet.

Entrückte Strategien der Daseinsbewältigung

Wir haben gesehen, dass die virtuose Lebenskunst der Kölner sich darin begründet, dass man die Welt nicht als perfekte Einrichtung, sondern als bloßes Provisorium betrachtet. Das Provisorium lässt den Kölnern den Freiraum spielerischer Entfaltung ihrer Lebenswünsche und es erhält die Hoffnung, vielleicht irgendwann einmal das Unmögliche möglich machen zu können. Das Provisorium erlaubt es, Köln gleichzeitig als gemütliche Kaffeebude und als glorreiche Metropole zu kreieren. Vor allem in den provisorischen und daher beweglichen, verrückten und überraschenden Formen der Lebensgestaltung findet Köln zu sich selbst.

Als liebenswertes Provisorium bietet Köln zwar reichlich Spielraum, aber wenig Schutzraum. Enttäuschungen, Schmerz oder Trauer über unerfüllte Ansprüche oder die kränkende Übermacht des Schicksals prägen auch den Alltag und die Lebenserfahrung der Kölner. Daher gibt es in Köln eine Tendenz, das Provisorium nach allen Seiten abzusichern und es zu verfestigen: durch Korruption im Inneren oder Abschottung nach außen. Dadurch droht der kölschen Seele Selbstverrat: Sie gibt ihre Entwicklungsfähigkeit und Offenheit auf, erstarrt in einer Selbststilisierung und wird anfällig für Heilsbringer, die eine grandiose Wunscherfüllung versprechen, aber als Preis Seele und Zukunft verlangen.

Aber Köln schafft es auch immer wieder, sich aus diesen Verfestigungen und Erstarrungen zu lösen und eine beglückende Selbstbefreiung zu versuchen: Mit seinem entwaffnenden Humor, mit seiner verstehenden Psychologie und seiner sehnsuchtsvollen Transzendenz gelingt es den Kölnern, über sich selbst hinauszuwachsen und zu blicken. Diese entrückenden Strategien der Daseinsbewältigung helfen Köln vor allem angesichts von Kränkungen, Zerstörungen oder schmerzlichen Entwicklungen erlebtes Leid zu mindern und das Leben zu meistern.

Der Humor
Niveaulos oder erhaben?

Der Kölner Humor sei witz- und niveaulos: Er breche allem Hohen und Hehren das Genick. In seinem Mittelpunkt stünden zwei arbeitsscheue, ewig nach Schnaps riechende Hafenarbeiter, Tünnes und Schäl, die ihren Lebenszweck darin fänden, sich gehen zu lassen und das letzte bisschen Geld – mit Gemüt – kleinzukriegen. Dieser Befund von Herbert Schöffler aus dem Buch „Kleine Geographie des deutschen Witzes" stachelte Heinrich Lützeler an, die „Philosophie des Kölner Humors" zu verfassen. Eine der bis heute bahnbrechendsten, tiefsten und zugleich warmherzigsten Abhandlungen über die Lebens- und Geisteshaltung der Kölner.

Zur Ehrenrettung des Kölner Humors führt Lützeler an, dass Witz und Humor in ihrer Wesensart grundverschieden seien. Der Witz ist eher kalt, unverbindlich und unpersönlich oder überpersönlich. Darum haben vor allem diejenigen Witze im Marschgepäck, die ein entwurzeltes ‚asoziales‘ Leben führen: Großkaufleute, Diplomaten oder Militärs. Der Witz nimmt eine arrogante Position ein. Denn er stellt sich über die Dinge, die er betrachtet, um sie zu entlarven, bloßzustellen oder zu degradieren. So zum Beispiel der Witz: Wie nennt man eine Blondine zwischen zwei Brünetten? Bildungslücke! Diese knappen Sätze zeigen, dass der Witz seine mitunter schneidige und verletzende Wirkung durch Zuspitzung und Pointierung erzielt.

Ganz anders arbeitet und gedeiht laut Lützeler der Humor: Er steht nicht über den Dingen, sondern wurzelt im Milieu und der dazugehörigen Mundart. Humor ist nicht abgeschlossen, sondern bezieht den Hörer mit ein, indem er Ergänzung und Interpretation erfordert. Auch hier ein Beispiel: Tünnes schlägt sich andauernd, in genau bemessenen Pausen, mit einem Hammer auf den eigenen Finger. Da sagt Schäl: „Tünnes, woröm häus do dich immer expree op dinge eijene Finger?" Sagt der Tünnes: „Weißte, Schäl, et es esu e schön Jeföhl, wann't dann ophüüt." Hier entfaltet sich die Pointe in Zeitlupe, während der Zuhörer den Schmerznachlass gleichsam mitempfindet. Wo der Witz durch Anspannung zur Entladung kommt, ist der Humor in seiner Epik gelassen und entspannt.

Der Humor malt seinen Gegenstand liebevoll aus, weil er alles Menschliche zu bejahen bereit ist. Und der Erzähler stellt sich nicht souverän über die Sache, sondern bezieht sich mit ein. Während der Witz durch intellektuelle Hochspannung Bewunderung fordert, begnügt sich der Humor damit zu wärmen. Dem Zuhörer wird heimatlich und menschlich zumute und er fühlt sich in seiner Natur bestätigt. Der Witz zündet wie ein Feuerwerkskörper und verglimmt dann in seiner Wirkung, unwiederholbar. Humorvolle Erzählungen möchte man hingegen immer wieder hören. Denn wie ein Lebenssaft dienen sie als stete Stärkung oder Erleichterung.

Weil das Wesen des Kölners vor allem in seinem Humor aufscheint, lohnt ein tieferer Blick auf die Psychologie des Humors. Sigmund Freud ging in einer kleinen Abhandlung „Der Humor" der Frage nach dessen Funktion für die Seele nach. Er eröffnet seine Überlegungen mit einem Delinquenten, der am Montag zum Galgen geführt wird und zum Henker sagt: „Na, die Woche fängt ja gut an." Diese Äußerung verblüfft den Henker ebenso wie den Leser. Man hatte sich vielleicht schon innerlich auf ein Heulen und Wehklagen eingestellt. Aber wundersamerweise wird statt Schmerz ein Scherz produziert.

Man setzt sich durch den Humor über die Bedingungen der Situation hinweg und erspart sich seelischen Aufwand, in diesem Falle sowohl Leid als auch Mitleid. „Der Humor hat dadurch nicht nur etwas Befreiendes wie der Witz oder die Komik, sondern auch etwas Großartiges und Erhebendes. [...] Das Großartige [...] liegt offenbar in der siegreich behaupteten Unverletzlichkeit des Ichs. Das Ich verweigert es, sich

durch die Veranlassungen aus der Realität kränken zu lassen,
zum Leiden nötigen zu lassen." Es beharrt darauf, „dass
ihm die Traumen der Außenwelt nicht nahegehen können,
ja es zeigt, dass sie ihm nur Anlässe zum Lustgewinn sind".
(Freud, 1999, S. 385) Bei den großen Schicksalsschlägen ebenso wie bei Tünnes' kleinen Hammerschlägen.

Entdramatisierung des Lebens

Diese über die Unbill des Schicksals erhebende Funktion des
Humors zeigt sich vielleicht am besten bei einer laut Lützeler
wahren Begebenheit. Gegen Ende des Zweiten Weltkriegs
erfolgen die Fliegerangriffe in Köln so schnell, dass „schon
beim Alarm die Bomben fielen". Schäng saß gerade an einem
geheimen Örtchen und konnte nicht in den Luftschutzkeller
flüchten. Eine Bombe riss das ganze Haus zusammen, in dem
er sich befand; nur die Toilette blieb stehen, allerdings als
Freiluftraum. Der Zufall wollte es, dass die Bomben in dem
Augenblick fielen, in dem sich Schäng erleichterte. Ruhig er-
hob er sich, zog zum letzten Male das Wasser und sagte: „Ich
hät nit jedaach, dat dat su en Wirkung hät." Dann musste er
von der Feuerwehr gerettet werden.

In ihrem ersten Teil dramatisiert die Erzählung die Tragik
des Bombenterrors, indem sie das Geschehen auf dem Lokus
ansiedelt. Denn gerade das sogenannte stille Örtchen fungiert
normalerweise als Rückzugsort. Wer zum Klo geht, vergisst
den Lärm der Welt und eröffnet sich eine kleine und dennoch
geschäftige Oase im Alltagsgetümmel. Wenn selbst an diesem

abgeschotteten Ort dampfender Selbstgewissheit keine Flucht vor einer feindlichen Welt mehr möglich ist, wird die ganze Ohnmacht des Seins schmerzhaft spürbar. Man sitzt bloßgestellt und hilflos da. An dieser verletzlichen Stelle setzt der Humor an und bewirkt eine komplette Wendung. Aus der totalen Ohnmacht wird eine gigantische Selbststeigerung. Die gekränkte Seele gewinnt ihre Souveränität zurück, indem sie sich selbst die bombastische Wirkung zuschreibt, unter der sie gerade leidet. Der Humor befördert den Menschen aus der Opferposition in den Täterstand und darin manifestiert sich die „siegreich behauptete Unverletzlichkeit des Ichs".

Laut Freud ist der Humor „nicht resigniert, er ist trotzig, er bedeutet nicht nur den Triumph des Ichs, sondern auch des Lustprinzips, das sich hier gegen die Unmut der realen Verhältnisse zu behaupten vermag". (Freud, 1999, S. 385) Das plötzliche Hervorbrechen des Lustprinzips wird auch in einem weiteren Lützeler Humor-Klassiker beschaubar: Tünnes ist in den Rhein gefallen. Er ruft um Hilfe und einige Männer eilen herbei. Sie werfen ihm einen Rettungsring ins Wasser, den er nur mit Mühe zu fassen bekommt. Mit vereinten Kräften ziehen die Männer mit einem Seil den Ring samt Tünnes in Richtung Ufer. Zwischen brausendem Wasser und rettendem Uferrand fängt er plötzlich laut an zu lachen. Völlig perplex rufen die Retter: „He, Tünnes, woröm laachste esu?" Keucht der Tünnes zurück: „Ich moot jrad denke: Wenn ich jez der Ring losslooße, dann fallt ehr all op der Hingersch!"

Die Seele gewinnt Freiheit und Tragweite, indem sie sich auch in den abhängigsten Momenten die Möglichkeit der Wahl eröffnet.

Aus dem triefenden Mündel, das nur noch am seidenen Faden hängt, wird der souveräne Strippenzieher, der durch seinen beharrlichen Einsatz verhindert, dass die Ufer-Seilschaft auf den Hintern fällt.

Durch die Fähigkeit, dem Leben mit einer humoristischen Einstellung zu begegnen, kann sich der Kölner von der Last des Daseins befreien. „Dem Erlebnis der Geworfenheit tritt das Erlebnis der Getragenheit gegenüber." (Lützeler, 1978, S. 14) Man fühlt sich durch den Humor beruhigt, getragen und aufgehoben – und bleibt dennoch völlig autonom. Denn man hebt und trägt sich selbst durch seine humoristische Einstellung. Man zieht sich gleichsam wie Münchhausen am eigenen Schopf mitsamt seinem Pferd aus dem Sumpf der herrschenden Verhältnisse. Der Humor befreit, bestärkt, tröstet und beschwichtigt: „Er will sagen: Sieh her, das ist nun die Welt, die so gefährlich aussieht. Ein Kinderspiel, gerade gut, einen Scherz darüber zu machen!" (Freud, 1999, S. 389)

Die humoristische Einstellung hat die Kölner selbst die Zerstörungen des Zweiten Weltkriegs ertragen lassen. Laut Lützeler haben die Kölner das Lied „Un et hät noch immer, immer, immer jot jejange" am ‚glücklichen' Ende einer Bombennacht angestimmt, um sich aus der Passivität des Leids „vom Rhythmus der Worte und der Musik zu neuem Leben, zu neuem Lebensmut tragen zu lassen". (Lützeler, 1978, S. 28)

Im Humor begegnet uns ebenso wie im wiegenden Schunkeln, im vorsorglichen Klüngeln oder in der optimistischen Schicksalsergebenheit ein Grundanliegen der Kölner Kultur: die Entdramatisierung des Lebens. Die kleinen Dramen, Intrigen, Fisternöllchen des Alltags werden in Köln mit Lust zelebriert, gesteigert und ausgelebt, aber der zerstörerischen und unerbittlichen Tragik und Dramatik des Lebens werden die Spitzen genommen. Die Enge von gesellschaftlichen Verhältnissen und der Formzwang von steifen Alltagsverfassungen werden aufgelöst. Mit Humor federn die Kölner die Härten der Wirklichkeit ab und nutzen sie für eigenen Schwung und eigene Produktivität. Dieser Schwung kann sich sogar in einer würzigen Kürze komprimieren, die nicht schneidend, sondern auflösend, einbeziehend und sich selbst ironisierend ist: Wie heißt die kölsche Gottheit mit einem Buchstaben? J!

Freud adelt den Humor, indem er ihm eine Erhabenheit und Würde attestiert, die „dem Witz völlig abgeht". Und er führt neben dem Humor noch andere Methoden des Seelenlebens an, mit denen man sich dem Zwang des Leidens zu entziehen sucht: der Rausch, die Selbstversenkung, die Ekstase, die Neurose und der Wahnsinn. Und wie wir bereits gesehen haben, gehören auch der beschwingte Rausch, die sentimentale Selbstversenkung in der Form des sentimentalen Frohsinns und die karnevaleske Ekstase zum Kölner Repertoire der verrückten oder entrückten Strategien der Daseinsbewältigung.

Die Psychologie
Das gallische Dorf der verstehenden Psychologie

In der Reihe der Leid abwehrenden Methoden der Daseinsbewältigung, die in Köln erblühen, darf auch die Psychologie nicht fehlen. Sie arbeitet mit anderen Mitteln als der Humor.

Der Humor sucht die Macht der Wirklichkeit zu entkräften, indem er erlebtes Drangsal zu einem nicht ernst zu nehmenden Kinderspiel degradiert. So lässt er das siegreiche Ich über die Welt triumphieren. Die Psychologie geht mit einem fröhlichen Ernst zu Werke. Sie leugnet und degradiert nicht die bestehenden Daseinsbedingungen, sondern versucht sie in ihrer eigentümlichen (Psycho-)Logik zu ergründen. Sie versucht das Leben verstehend zu entdramatisieren. Die oft beängstigenden, befremdenden, wirren, tragischen und zerstörerischen Wendungen des Lebens werden ebenso wie seine lustvollen Steigerungen angeschaut, aufgegriffen und in einen Sinnzusammenhang gestellt. Die Psychologie agiert wie die Schneidersfrau bei den Heinzelmännchen: Sie ist neugierig, sie beobachtet, sie blickt hinter die Masken und Verdeckungen, um das geheime Produktionsgetriebe unseres Lebens freizulegen.

Durch ihr Verständnis, wie Leid und Freud hergestellt werden – kunstvoll und häufig unbewusst, führt sie die Menschen idealiter zu einer größeren Mündigkeit. Die Einsicht, dass man nicht nur Opfer der Verhältnisse, sondern selbst seines Glückes oder Unglückes Schmied ist, eröffnet zumindest theoretisch Verfügbarkeiten und Handlungsoptionen. Das Gefühl der Geworfenheit wird abgelöst durch das Gefühl der Gestaltetheit. An dem, was die Menschen vielleicht bisher stets als zwangsläufige Sackgasse, als unvermeidliches Hamsterrad oder als irreversible Schicksalsfügung erlebt haben, sind sie mitbeteiligt.

Sie bekommen ein Gespür dafür, wieso sie immer an den Falschen geraten, immer wieder in einer bestimmten Klemme stecken oder immer wieder resignieren oder explodieren.

Wenn die Menschen sich selbst auf die Schliche kommen, wenn sie beginnen, die Dramaturgie ihres eigenen Lebens zu verstehen, dann agieren sie nicht mehr blind. Sie können jetzt sehenden Auges weitermachen wie bisher oder versuchen, andere Lösungswege zu riskieren. Die Psychologie bezieht keinen fatalistischen Standpunkt, sondern stellt die Menschen vor eine unbequeme Wahl: Man muss vertrautes und bekanntes Leid eintauschen gegen eine ebenso beschwerliche wie ungewisse Umgestaltung. Und diese wenig tröstliche Perspektive wird noch dadurch gemindert, dass auch alle Psychologie und alles Verstehen die grundsätzlichen Widersprüche und Paradoxien des Lebens nicht auszuhebeln vermag. Nach Freud verwandelt die psychologische Behandlung allenfalls neurotisches Elend in ganz normales Alltagselend. Im besten Fall eröffnet sie einen ,gesünderen', das heißt produktiveren Umgang mit dem Alltag, der sich dann nicht immer in den gleichen Sackgassen festrennt.

Ich beziehe hier bewusst die beinahe idealistische Minderheitsposition einer verstehenden Psychologie, die durch Beschreibung und Analyse des menschlichen Lebensalltags der geheimen Logik der Seele auf den Grund geht. Diese Position ist, nachdem sie durch die Psychoanalyse in Wien fundiert worden ist, vor allem in Köln fortgesetzt und furios weiterentwickelt worden. Ich werde später erklären, wieso sich gerade in Köln eine solche dem Mainstream zuwiderlaufende ,psychologische Psychologie' entwickeln konnte. Seit 1963 mauserte sich das Psychologische Institut II der Universität zu einem ,gallischen Dorf der Psychologie'. Vom Rest der akademischen Welt wurden die seltsamen Methoden und

Ansichten der morphologischen Psychologen aus Köln ver-
lacht, angefeindet oder ignoriert. Was soll man auch von einer
Psychologie halten, die nicht mit exakten, das heißt statistisch
fundierten Methoden arbeitet, die die Phänomene des Alltags
der Menschen zum Ausgangspunkt ihrer Lehre macht und die
das Seelische im Karneval, das heißt in einer nie versiegenden
Lust an der Verwandlung begründet sieht? Das lief den damals herrschenden universitären Exaktheitsidealen zuwider,
die besonders im benachbarten Düsseldorf geheiligt wurden.

Die feindlichen Lager und die Freiheit der Seele

Konjunktur hatten damals wie heute die Psychologien, die
einen scheinbar einfacheren und sichereren Weg der Leidabwehr versprachen. Sie versuchen nicht, die Dramatik des
Lebens verstehend nachzubilden, sondern zu bannen und
stillzulegen. Das Seelische soll berechenbar gemacht werden,
indem es in feste Einheiten, Cluster gepackt oder in (Pro-
zent-)Zahlen überführt wird. Zahlen haben den Vorteil, dass
sie formale und abstrakte Größen sind. Mit ihnen kann man
leidenschaftslos operieren. Die Information, dass 20 % der
Menschen depressiv sind, berührt nicht so sehr wie die Beschreibung eines einzigen menschlichen Depressionsschick-
sals. Zahlen versprechen daher – zumindest vorübergehend –
Ruhe vor der mitunter unheimlichen und abgründigen Tiefe
der Seele. Das Herrschaftsinstrument dieses Lagers ist die Sta-
tistik. Und alles, was nicht zählbar, messbar oder falsifizierbar
ist, soll und kann nicht aufgegriffen werden. Die morpholo-

gischen Psychologen aus Köln widersetzten sich hartnäckig dem gängigen Herrschaftsinstrument. Und sie brachten die Statistiker gegen sich auf durch die süffisante Feststellung: „Sie wissen nicht, was gemessen wird, aber was gemessen wird, wird gut gemessen."

Man kann sich vorstellen, warum gerade die Kölner eine psychologische Leidabwehr, die auf formalisierende Exaktheit und Berechenbarkeit setzt, nicht lieben. Köln ist selbst alles andere als exakt, formal oder mathematisch-logisch. Schon das Stadtbild ist nicht durch gerade Linien und Planquadrate bestimmt, sondern durch Kreise und Spiralen, durch Schräges und Schiefes, durch Gässchen, Irrwege und Sackgassen. Köln bildet durch seine bauliche Konstitution das Labyrinthische der Seele ab, in der es keine glatten und berechenbaren Lösungen gibt, sondern nur schunkelnde Verhältnisse und provisorische Kompromisse.

Ein anderes feindliches und gerade aktuell öffentlich sehr starkes Lager bilden die Neuropsychologen. Sie versuchen, das Gehirn zu einer fast gottähnlichen Instanz zu machen, die alles produziert, vorherbestimmt und damit alles verantwortet. Dadurch wird eine doppelte Leidabwehr suggeriert: Die Menschen brauchen sich nicht mehr mit ihrer Seele auseinanderzusetzen, weil alles physiologisch determiniert ist und sich in biochemische Prozesse auflösen, betrachten, erklären und irgendwann einmal behandeln lässt. Und sie haben einen Exkulpationsgewinn, weil seine Hoheit, das Gehirn, alles Handeln veranlasst und verschuldet.

Man kann sich leicht vorstellen, dass auch diese Auffassung nicht die Gegenliebe der obrigkeitsskeptischen Kölner

findet. Hier wird selbst der Herrgott sprachlich liebevoll zum Herrjöttchen verkleinert und damit auf ein Kaffeebud-Niveau gebracht. Trotz ihres Hangs zu Bequemlichkeit und Einvernehmlichkeit akzeptieren die Kölner weder weltliche noch kirchliche noch physiologische Herrscher.

Die Psychologen der Kölner Schule bezeichnen das Gehirn am liebsten entmystifizierend als Markkloß. Damit soll nicht die Notwendigkeit und Funktionalität der Hirnforschung geleugnet oder geschmälert werden. Lediglich deren Anspruch, die Seele zu verstehen, wird entschieden abgewiesen. Gehirn und Seele verhalten sich zueinander wie Klavier und Musik. Ohne Klavier kann keine Musik gespielt werden. Die Physik des Klaviers trägt und begrenzt den klanglichen Ausdrucksspielraum der Musik, aber sie versteht nicht den Zauber der Musik, ihren Formen- und Wandlungsreichtum. Denn die Musik gehorcht ebenso wie die Seele universellen, ästhetischen Gesetzen und übergreifenden Harmonieprinzipien, die ihre eigene – nicht stofflich-rationale – Logik haben.

Von feindlichen Lagern umzingelt, pflegten die morphologischen Psychologen in ihrem gallischen Dorf ihre wissenschaftliche Narrenfreiheit. Für die Psychologie-Studenten in ganz Deutschland galt Köln über drei Jahrzehnte als die einzige Alternative zum Mainstream. Hier wurde quergedacht, hier wurde tabulos beschrieben und hier wurde den Fragen nachgegangen, die man sich schon immer gestellt hatte. Hier lehrte mit Wilhelm Salber ein kleiner, charismatischer Professor mit wachen Augen und brillanter Rhetorik, der einen der letzten deutschen Universalgelehrten verkörpert. Zudem bezog sich die Kölner Schule auf eine große Ahnenreihe. Auf

Goethe, von dem der Begriff ‚Morphologie' als Lehre von der Gestalt und ihren Verwandlungen stammt. Auf die Phänomenologen, die keine letzten Erklärungsgottheiten akzeptieren und für die daher die beschreibbaren Phänomene die Lehre sind. Und auf die Gestaltpsychologen, für die das Ganze – die Gestalt – mehr ist als die Summe aller Einzelteile.

Aber trotz berühmter Ahnenreihe und eines massenhaften, studentischen Zuspruchs bestand auch für die Kölner Psychologen die Gefahr, sich abzuschotten, sich in der eigenen Narrenfreiheit zu verstricken und ihr Heil in einer kritiklosen Selbststilisierung zu suchen. Aber wo findet man – umzingelt von feindlichen Lagern – Bündnispartner, kritische Geister, an denen man sich reiben und mit denen man sich weiterentwickeln kann? In London, denn hierhin war im Juni 1938 die Familie Freud vor den Nazis emigriert. Anna Freud, die Tochter und analytische Erbin von Sigmund Freud, lebte und praktizierte dort. In den 70er-Jahren reiste Prof. Wilhelm Salber in den Semesterferien nach England, um sich bei Anna Freud auf die Couch zu legen. Über diese ‚Lehrberatungen' entwickelte sich eine langjährige Freundschaft zwischen Wilhelm Salber und Anna Freud sowie dem Freud-Enkel Ernest Freud. Gemeinsam mit Ernest Freud entwickelte Salber dann in Köln eine Kurzform der Psychoanalyse, die analytische Intensivberatung. In einer nur halbjährlichen, aber sehr intensivierten Therapie soll die festgefahrene Selbstbehandlung des Falles wieder in Gang gebracht werden.

Der psychologische Zaubertrank aus Freud,
Alltag und Karneval

Der banale Alltag der Menschen statt hochgestochener, kognitiver Prozesse oder sauberer Laborexperimente als Ausgangspunkt psychologischer Betrachtungen – das konnte nur in Köln erwachsen. In der Tat wird an keinem anderen Ort – auch jenseits der Psychologie – dem alltäglichen, den privaten Seiten des Lebens ein so liebevolles Augenmerk geschenkt. Das manifestiert sich in den kölschen Liedern, in Anekdoten oder in den Karnevalsreden. Hier wird nicht die hohe Politik gewürdigt oder die hehre Liebe besungen, sondern das Alltägliche in seiner tragischen Komik durchdrungen: Reibekuchen und Blutwurst, die Schule, die öffentlichen Verkehrsbetriebe, der Kuss, die Unterwäsche, der Zoobesuch, das Stehen in der Kaffeebude, das Kinderkriegen oder der Einkaufsbummel. Diese Belichtung des Privaten ist auch einer der Gründe, wieso der erste und bislang erfolgreichste Privatsender (RTL) seine Heimat gerade in Köln gefunden hat.

Die Kölner heiligen den banalen Alltag, weil er das Wirkungsfeld der Seele ist. Die Seele existiert nicht im luftleeren Raum oder in gelehrten Büchern, sondern im Kaffeetrinken, im Zeitunglesen, im Tratschen, Kochen oder Putzen spannen sich die seelischen Entwicklungskünste und Revolten aus. Ein Hauptwerk von Wilhelm Salber heißt daher „Der Alltag ist nicht grau". Hier sind die in Köln über Jahrzehnte durchgeführten psychologischen Alltagsuntersuchungen zu einem Katalog von Alltagsformen verdichtet: Aus-dem-Fenster-Schauen, Arztbesuch, Angeln, Tanzen, Sich-Spiegeln, Fernreisen, Sonnenbaden, Schenken, Streiten, Weihnachten, Schlager, Lotto, Lügen, Glockenläuten und Karneval – das ganze Panorama des Alltags wird analytisch charakterisiert.

Bei dieser ‚freudvollen' Alltagsanalyse wird, wie wir schon gehört haben, ausgerechnet der Karneval zu einem seelischen Grundprinzip erklärt. Denn die morphologische Psychologie sieht die Verwandlung als das Grundanliegen der Seele an. In Köln wird das zur Karnevalszeit für jedermann offensichtlich. Aber auch jenseits der Session ist die Seele getrieben von einer unersättlichen Verwandlungsgier. All das, was die Menschen in Illustrierten, in Kinofilmen oder in ihren Tag- oder Nachtträumen verfolgen, ist Anreiz für persönliche Verwandlungswünsche. Die Seele sucht immer wieder Lebensformen zu entwickeln, die diese Verwandlungen möglich machen. Wir kleiden uns ein, suchen uns einen Partner, beziehen eine Wohnung, um der Verwandlung eine konkrete Gestalt zu geben. Sobald wir feste Lebensgestalten herausbilden, lösen wir sie wieder auf, um neue Verwandlungsmöglichkeiten zu ermöglichen. Das eben erst gekaufte Kleidungsstück wandert in den Schrank, und schon schielen wir nach dem nächsten. Die gerade eingerichtete Wohnung wird umdekoriert und unsere Partner werden umerzogen, sobald wir sie näher kennen- und schätzen gelernt haben.

In der ständigen Gestaltung und Umgestaltung, in diesem ewigen Karneval der Seele steckt eine geheime Logik, ein unbewusstes und kunstvolles System. Der große Verdienst der Kölner morphologischen Psychologie in den letzten Jahrzehnten ist es, die Grundbedingungen, die Entwicklungsprinzipien und Schicksalsmuster des Seelenlebens plastisch transparent gemacht zu haben. Der dunkle Kontinent der Seele ist vor allem in Köln morphologisch neu kartiert worden.

Die Transzendenz
Geschwister oder Kinder Gottes

Auch die Religion gehört zu den leidabwehrenden Methoden der Daseinsbewältigung. Allerdings versucht sie nicht, die Macht der Wirklichkeit zu entkräften wie der Humor oder zumindest verstehbar zu machen wie die Psychologie. Die Religion geht scheinbar pragmatisch zu Werke. Sie entwickelt Maße, Normen und Moralvorstellungen, die vor allem die sozialen Leidquellen eindämmen sollen, die der menschlichen Destruktivität und Aggressionsneigung entspringen. Die Religion ‚wirbt' für ein Leben, in dem der Mensch nicht des Menschen Wolf ist, sondern in dem das Miteinander durch Rücksicht, Verständnis und Nächstenliebe geprägt ist. Kern jeder Religion ist der Glaube an eine bessere und gerechtere Welt.

Dadurch kann die Religion selbst zur Leidquelle werden, denn ihre heiligen Gebote und Lebensregeln verlangen dem Menschen zahlreiche Opfer und Verzichtsleistungen ab. Vieles, was den Menschen Lust bereiten könnte, wird unter das „Du-sollst-nicht"-Diktat gestellt. Aber die Religion versucht die Menschen auch über diese auferlegten Verzichtsleistungen hinwegzutrösten. Sie bietet ihrer Gemeinde vor allem über die Kirchen und ihre Repräsentanten Schutz, Zuspruch, Beistand. Sie leistet tätige Seelsorge und sie zelebriert gabenreiche Feste oder prunkvolle Zeremonien, die den Alltag rhythmisieren.

Abgesehen von dieser lebenspraktischen Funktion erfüllt sie die Menschen mit einem nie versiegenden Zauber: Sie entwirft das Ideal eines göttlichen und verzichtsfreien Lebens, das im Jenseits Wirklichkeit wird und den Menschen das auf Erden verlorene Paradies zurückgibt. Indem er an die Seite des Vaters tritt, ist der Mensch von seinen Beschränkungen erlöst und wird gottgleich. Dabei macht die Religion die geforderten Einschränkungen im Diesseits zur Bedingung für die Erlangung paradiesischer Freiheiten im Jenseits.

Die Verzichtsforderung auf Erden setzten die Religionen mit väterlicher Autorität durch. Der himmlische Vater – die Inkarnation des Über-Ichs – ist nach Sigmund Freud auch immer ein Abbild des eigenen irdischen Vaters, mit dem frühe Erfahrungen der Zurechtweisung, Erziehung oder der Strafe verbunden sind. Andererseits hat diese väterliche Autorität auch eine verständnisvolle und tröstende Seite, die von wohlwollender Einsicht in die menschlichen Schwächen geprägt ist. Während das Alte Testament eher die fordernde und strafende Seite der göttlichen Autorität betont, akzentuiert das Neue Testament durch den Sohn Gottes die tröstende und verständnisvolle Seite. In der Gestalt Jesu ‚versöhnt‘ sich der strenge Vater mit seinen ‚sündig-schuldigen‘ Kindern.

Aus der bereits beschriebenen Seelenlage der Kölner können wir schließen, dass sie sich mit der Unterwerfung unter eine gottväterliche Identität schwertun. Tiefe Frömmigkeit, Demut, akribische Befolgung von irdischen oder himmlischen Regeln sind in Köln eher selten anzutreffen. Eine humorvolle

Lebensweise und eine streng religiöse Lebensführung schlie
ßen sich sogar aus, weil ja gerade der Humor weder unterwürfig noch resigniert ist, sondern den Triumph des Ichs und des
Lustprinzips behauptet. Fundamentalistische Religionen sind
daher vollkommen humorlos. Humorvolle Kirchenführer wie
der von den Kölnern geheiligte Kardinal Frings stellen hingegen den Mutterwitz über die väterliche Strenge. Aber diese
humorvolle Haltung verhinderte die von den Kölnern erhoffte
Beförderung von Kardinal Frings zum Heiligen Vater.

An ihrem Verhältnis zu ,ihrem' Kardinal Frings kann
man sich das Verhältnis der Kölner zum Herrgott verdeutlichen. Auf der einen Seite wollen sie dem lieben Gott oder
den kirchlichen Würdenträgern am liebsten auf Augenhöhe
begegnen. Kardinal Frings wird daher als Mann aus dem
Volke stilisiert, als „kölsche Jung", der halt zufällig in Neuss
geboren worden ist. Wir erinnern uns an den Witz, dass der
liebe Gott bei der Dialektverteilung aus einer kreativen Verlegenheit heraus die Kölner aufforderte, erst einmal so zu reden
wie er selbst. Augenhöhe manifestiert sich in Köln also auch
in Ohrenhöhe.

In zahlreichen kölschen Liedern klingt an, dass man den
lieben Gott eher als potenten Partner sieht, der einem unbürokratisch aus einer irdischen Not helfen kann. „Oh, leever
Jott, jev uns Wasser, denn janz Kölle hät Doosch." Und man
dann im nächsten Lied fast als kollegiale Antwort vernimmt:
„Drink doch eine met ..." Auch das sogenannte ,Fringsen', der von der Kanzel aus legitimierte Kohlenklau, zeigt,
dass Gott und Kirche keine autoritären Väter sind, sondern
Klüngelpartner, die sich kennen, die sich verstehen, einander

helfen und die bereit sind, ein Auge zuzudrücken, wenn Not ist. Das partnerschaftliche Klüngelverhältnis zu Gott, das der Kölner anstrebt, verlangt einen religiösen Kompromiss: Man unterwirft sich der göttlichen oder kirchlichen Autorität zwar nicht, man opponiert aber auch nicht offen gegen sie. Denn man weiß ja nicht, ob man den himmlischen Beistand nicht doch demnächst einmal benötigen könnte.

Gerade beim Klüngeln hofft man darauf, dass der Partner etwas vermag, was man selbst nicht bewirken kann. Der Herrgott oder Kirchenmänner wie Kardinal Frings sollen zwar auf Augenhöhe agieren, aber sie sollen auch mit einer himmlischen Aura oder Macht ausgestattet sein, die man in der Not anrufen und aktivieren kann. Für den Fall, dass der Kölner mit den irdischen Mächten nicht weiterkommt oder ihm das Hochwasser bis zum Hals steht, hält er sich ein himmlisches Hintertürchen offen. Dann ist er bereit zu beten und voll situativer Demut die höheren Mächte anzuflehen. Gott und Kirche reihen sich für die Kölner in ihre alltäglichen Rückversicherungssysteme und Schutzmächte ein. Sie fungieren als finale Heilsbringer, falls es mit dem Erlöser Daum oder dem Esch-Fonds doch nicht klappen sollte.

Wenn ich den Gang meiner Überlegung zusammenfasse, so liegt der Schluss nahe, dass die Kölner sich nicht demütig einer väterlichen Autorität fügen – weder im Hinblick auf den Herrgott noch auf kirchliche Würdenträger. Kardinal Meisner wird von den Kölnern nicht geliebt, bestenfalls wird er mit Humor abgekanzelt. Denn der Kardinal nimmt eine väterliche Position ein und er behandelt die Kölner mit autoritärer Strenge wie Kinder Gottes. Die Kölner betrachten sich aber nicht als die Kinder, sondern als die Geschwister Gottes. Allenfalls räumen sie Gott oder einem Kardinal den Status eines großen Bruders ein, den man zu Hilfe rufen kann, wenn man den feindlichen Mächten des Lebens alleine nicht trotzen kann.

Die nie ankommende Sehnsucht

Die bisherige Charakterisierung der Kölner Religiosität birgt auf den ersten Blick eine Gefahr: Wenn man den Herrgott als bloßen Klüngelpartner beschreibt, geht die zauberhafte und transzendente Seite der Religion verloren – und zugleich die Vision von einem ganz anderen und gesteigerten Leben im Jenseits. Verloren gehen auch die vielen mythischen Momente und Bilder, durch die die Religion gerade das nach Bildern und Ereignissen dürstende Köln beglückt. Farbenprächtige Prozessionen, das Läuten der Domglocken, der weihnachtliche Glanz, die Mantelteilung des St. Martin, Taufen, Hochzeiten und Kinderkommunionen. Wird nicht gerade hier ein Abglanz des Paradieses spürbar, das doch das Sehnsuchtsziel jeder Religion ist?

Ist dem sinnenfreudigen und erdverbundenen Kölner diese religiöse Paradiessehnsucht tatsächlich fremd, wie es der folgende Witz behauptet? Ein Düsseldorfer, ein Hamburger und ein Kölner begehren an der Himmelspforte Einlass in das Paradies. Petrus prüft die drei Anwärter geflissentlich und bittet den Düsseldorfer und den Hamburger hinein. Der Kölner muss draußen bleiben. Auf seine erstaunte Frage, wieso gerade er nicht hineindürfe, antwortet Petrus: „Du, lieber Kölner, hast das Paradies ja bereits auf Erden gehabt."

Glaubt man den Ausführungen der Kölner in den Tiefeninterviews, so trägt das Leben in Köln tatsächlich zuweilen paradiesische Züge: die tollen Feste und Ereignisse, die Lebensfreude, der Wille zum Genuss und die Ungezwungenheit. Dennoch kommt in den Interviews auch eine tiefe und unerfüllte Sehnsucht zum Ausdruck. Allerdings wird als Ziel dieser Sehnsucht nicht ein jenseitiges Paradies benannt, sondern das ‚eigentliche', wirklichere Köln.

Dieses wirkliche Köln entfernt sich paradoxerweise in den Augen der Interviewten, desto intensiver man versucht, sich ihm anzunähern. „Am totesten und unwirklichsten wirkt Köln in der Altstadt." „Hier leben keine Kölner, hier gehen keine Kölner hin, hier ist keine kölsche Atmosphäre." Wenn man jedoch aus der Ferne oder von den Rheinbrücken auf den Dom und die Altstadt blickt, erlebt der Betrachter ein moussierendes, leicht bebendes Köln-Feeling, aber dieses Kribbeln verschwindet, je näher man dem Zentrum kommt. Die räumliche Suche nach dem eigentlichen Köln führt oft zu der frustrierenden Einsicht von Vergeblichkeit. Umgekehrt gab es in den Explorationen glühende Köln-Verehrer, die ihre Liebe zur Stadt gerade dadurch erhalten oder gar steigern, indem sie sich weit von der Stadt entfernten. In der Eifel oder im Bergischen Land wird das Köln-Bild lebendiger, plastischer und authentischer.

Das Gefühl, das wirkliche und eigentlich paradiesische Köln zu verlieren, stellt sich nicht nur bei räumlicher, sondern auch bei zeitlicher Annäherung ein. Das heutige Köln scheint in der Sicht der Menschen nur ein fader Abglanz des früheren zu sein. Die Klage über das verlorene Köln-Paradies durchweht immer wieder die Stadt. Nach dem Zweiten Weltkrieg wurde das untergegangene Köln beweint. Heinrich Böll betrauerte nach dem Ausbau der Nord-Süd-Fahrt, die eine riesige Verkehrsschneise in das gewachsene Köln schnitt, den Verlust der heilen Innenstadtstruktur. Das Gefühl, das Köln bereits verloren und untergegangen ist, bildet auch den sentimentalen Grundton vieler Lieder von Willi Ostermann, die lange vor dem verheerenden Weltkrieg und fragwürdiger Stadtplanung entstanden sind. Vor allem sein Klassiker „Och, wat wor dat fröher schön doch en Colonia" malt ein wehmütiges Bild von einer innigen, heilen und stillvergnügten Welt. Und wir dürfen annehmen, dass auch die Zeit, an die sich Ostermann mit leiser Trauer zurückerinnert, von einem wehmütigen Grundton durchkräuselt war. Offenbar ist diese sentimentale Stimmung in Köln zeitlos. Die Gruppe Brings landete 2002 einen ebenso fulminanten wie unverwüstlichen Erfolg mit ihrem Lied „Nä, wat wor dat dann fröher en superjeile Zick, mit Träne in d'r Auge luur ich manchmol zurück …".

Mit den tränenden Augen, mit denen man verklärend in eine räumlich und zeitlich nicht klar fassbare Welt ‚zurückluurt', begegnet uns die transzendente Seite der Kölner Sentimentalität. Ich hatte ja bereits darauf verwiesen, dass diese Saite vor allem zur Karnevalszeit angeschlagen wird, die durch eine tieftraurige Einsicht in die Vergänglichkeit irdischer Unbeschwertheit beseelt ist. Denn mit dem Karneval wird das Fest der letzten Stunde (11.11.) und damit der unvermeidliche Verlust des Paradieses gefeiert. Die bevorstehende tote Fastenzeit nimmt den Menschen die mütterlich-nährenden Wonnen des Lebenstanzes und schreibt ihnen das fahle Aschenkreuz auf die Stirn.

Mit klaren und sehenden Augen lässt sich Köln nicht fassen: Kölle, dat es e Jeföhl. Köln kann man nicht festhalten, aber man kann es auch nicht verlieren. Denn Köln scheint für die Menschen mehr zu sein als eine Stadt oder ein bloßer Lebensraum. Jürgen Bennack bemerkt dazu: „Der realistische Kölner verzichtet nicht darauf, eine andere Wirklichkeit hinter dem Sichtbaren zu sehen, zu suchen und zu bevorzugen." (Bennack/Uhlenbruck, 2004, S. 67) Köln ist eine wunderbare Idee, eine aus der Ferne nahende, schwankende (Vor-)Gestalt, an der man mit Inbrunst und Pathos festhält und die man voller Sehnsucht immer wieder anzusteuern sucht.

Diese transzendente Köln-Erfahrung hat Willi Ostermann kongenial in seinem vielleicht populärsten Köln-Lied beschrieben: „Wenn ich su an ming Heimat denke un sin d'r Dom su vör mir ston, mööch ich direk op Heim an schwenke, ich mööch zo Foß no Kölle gon."

Köln und der Dom sind hier keine physikalisch-realen Gegebenheiten, sondern Vorstellungsbilder. Und man geht nicht zu Fuß nach Köln, sondern man möchte auf eine Sehnsuchtsrichtung schwenken, deren Ziel realiter nie ganz einholbar ist. In seiner tiefen Einsicht, dass es eine andere und idealere Wirklichkeit gibt, und in seiner unerschütterlichen Glaubenssehnsucht, diese Wirklichkeit irgendwann einmal wiedererlangen zu können, offenbart sich eine religiöse Haltung der Kölner, die sich im Umgang mit christlichen Autoritäten nicht zeigt.

Das geheime Ziel

Bereits im Mittelalter ging man zu Fuß nach Köln. Die Stadt war eines der bedeutendsten Pilgerziele. Die Sehnsucht nach einem verlorenen oder noch zu erlangenden Paradies war also immer schon in Köln zu Hause.

Im Christentum ist das Paradies ein idealer Zustand, den es durch gottgefälliges Leben im Jenseits zu erreichen gilt. In Köln ist das Paradies ein Zustand, der bereits einmal da war, verloren ging und sich als vage gefühlte Vorgestalt erhalten hat. Was ist das für ein paradiesischer Zustand, der so schmerzlich verloren gegangen ist und mit tränenden Augen ersehnt wird? Eine Antwort auf diese Frage ist nur möglich, wenn wir den gesicherten Boden psychologischer Konstruktion zugunsten einer psychologischen Spekulation verlassen. Bei dieser Spekulation helfen uns drei Hinweise:

Erstens ist der verlorene paradiesische Zustand in Köln nicht – wie im Christentum – ein kollektives, biblisches Urbild, sondern eine Erfahrung, die jeder Mensch durchlaufen hat. Der Zustand ist also offenbar nicht vor Urzeiten, sondern zu Lebzeiten schmerzlich verloren gegangen, die Erinnerung an die „superjeile Zick" ist noch mit tränenden Augen abrufbar.

Zweitens bedeutet der paradiesische Zustand in Köln – anders als im Christentum – keine Rückkehr zum himmlischen Vater. In der Bibel ist das Paradies das Land des Vaters, aus dem er seine mündigen Kinder vertrieben hat, aber bereit ist, sie wieder aufzunehmen, wenn sie ihre Prüfungen in der Wirklichkeit bestanden haben. Die Kölner hingegen begreifen sich nicht als Kinder, sondern als Geschwister Gottes. Sie befinden sich mit ihrem „Herrgöttchen" bereits zu Lebzeiten auf Augenhöhe. Sie haben es nicht nötig, den Aufstieg an die Seite des Vaters mit tränennassen Augen zu ersehnen, da er ja schon eingelöst scheint.

Drittens ist das Sehnsuchtsziel der Kölner kein mystischer Ort, sondern konkret benannt. Willi Ostermann möchte „direk op Heim an schwenke", wenn er an seine Heimat Köln denkt. Interessanterweise spricht er von Heimat und vermeidet den Begriff Vaterstadt. Die Vaterposition ist in Köln für den Rhein reserviert. Heimat und Vaterland verweisen aus psychologischer Sicht auf ganz unterschiedliche Bedeutungskomplexe. Das Vaterland ist streng und fordernd. Es legt uns Pflichten wie den Wehrdienst auf und fordert Opferleistungen in Form von Abgaben und Steuern. Ganz anders die Heimat – sie hat eher mütterliche Qualitäten. Wenn die Menschen von ihrer Heimat sprechen, wird ihre Stimme weicher und ein feuchter Glanz tritt in ihre Augen. Mit der Heimat sind die wiegenden, versorgenden, behütenden, liebevollen und nährenden Aspekte verbunden.

Psychologisch kann man zwischen Vaterlandsliebe und Heimatliebe unterscheiden. Die Vaterlandsliebe ist deutlich ambivalenter, der Vater wird zwar geliebt, aufgrund seiner verpflichtenden, fordernden Seiten jedoch auch gefürchtet oder angefeindet. Darum wird die Vaterlandsliebe als oberste Bürgerpflicht ‚verordnet'. Die Heimatliebe ‚ereignet' sich hingegen beim bloßen Anblick der Heimat. Wenn die Kölner über die Rheinbrücken nach Köln zurückkehren, dann spüren sie beim Anblick „der mütterlichen Erhebungen des

Doms" (Tiefeninterview) die Heimatliebe in sich aufglimmen. Der majestätisch unter ihnen fließende Vater Rhein hingegen findet wenig Beachtung.

Die Sehnsucht nach dem verlorenen Paradies hat also in Köln nicht das Väterliche, sondern das Mütterliche zum Ziel. „Colonia Claudia Ara Agrippinensium" ist wirklich im wahrsten Sinne des Wortes eine Mutterstadt. Die Ahnherrin und Namensgeberin der Stadt ist Agrippina, die in Köln geborene Frau des Kaisers Claudius. Die Stadtpatronin ist die Heilige Ursula, die der Sage nach vor den Toren Kölns von den Hunnen ermordet wurde, aber durch ihren Tod die Belagerung der Stadt abwenden konnte. In der Nähe des Rathauses steht der Frauenbrunnen, der Kölner Frauen aus der Stadtgeschichte ein Denkmal setzt. Diese bedeutenden und machtvollen Frauengestalten werden in unzähligen Liedern besungen. Als gestandene Mädchen, die sich nicht dran fummele lassen. Als dicke Mädchen, die einen verrückt machen und die der Himmel geschickt hat. Oder als „Oh, oh Katrin", an die man sich verloren hat und durch die man (neu-)geboren wird.

Das verlorene Paradies der Kölner ist also ein mütterlicher Zustand, den jeder Einzelne in seinem Leben bereits erfahren, dann aber schmerzlich verloren hat. Ein Zustand, in dem man sich nicht in die Welt geworfen, sondern von der Welt getragen fühlte. Ein Paradies, in dem man sich aufgehoben und geborgen fühlte und aus dem sich eine frohlockende Zukunftsweite eröffnete. Ein glückseliger Zustand, in dem die kleinsten Schritte, Verrichtungen und Geschäfte von liebevollem Beifall begleitet waren. Ein berauschender Übergang, in dem man umgeben von einer versorgenden Obhut von großen Entwicklungen, kühnen Taten und dem Größerwerden träumen konnte. Ein Zustand, in dem die nährende Seligkeit der Kaffeebud und die feurige Sehnsucht nach Metropolenaufstieg zusammenfielen.

Das Kind im König

Die Paradiese des Alltags sind flüchtig, denn „das Seelische ist nichts Fertiges, es ist immer im Werden, zugleich gibt es aber da vorbildliche Zustände, jetzt sei ‚es' da und das eine füge sich in das andere. Das gleicht einer Braut oder einem Kind; es ist etwas Wunderbares, für das man einen Namen finden muß." (Salber, 1999, S. 97) Dieser Zustand kann verloren gehen oder zerstört werden und zurück bleibt eine schier unerfüllbare Sehnsucht. „Das wird wie ein böses Schicksal erlebt, das sich gegen ein Sein-Können, wie man ist, richtet. Wir werden in ein Labyrinth von Tätigkeiten gelockt, in dem wir trotz großen Aufwandes kaum fassen können, was wir gerne fassen möchten." (Salber, 1999, S. 98)

Die Vertreibung aus dem mütterlichen Paradies der Kindheit dramatisiert auch die Heinzelmännchen-Sage, wenn man sich die Freiheit nimmt, sie noch einmal anders zu akzentuieren. Vielleicht sind die Heinzelmännchen nicht nur die Heilsbringer, sondern Sinnbild für den Zustand, der das Heil bringt. Ein Kinderzustand, denn die Heinzelmännchen sind – wie das Rumpelstilzchen oder das Hänneschen – Kindergestalten, die in ihrer (nächtlichen) geheimen Traumwelt unbeschwert vor sich hin werkeln. Kinder, die bei ihren zweckfreien Spielen und Verrichtungen das machtvolle Gefühl haben, die Welt aus den Angeln zu heben und große Tagewerke zu verrichten. Die Schneidersfrau ist in diesem Bild die Mutter, die ihren putzigen Kleinen beim Arbeitsspiel zuschaut, ihnen heimleuchtet, aber auch irgendwann den Zauber des Spiels beendet. Sie treibt die Kleinen aus dem Paradies in die Wirklichkeit. Aber auch in dieser Lesart handelt die Schneidersfrau mit psychologischer Weitsicht. Indem sie das nächtliche Spiel der Möglichkeiten beendet und die Kinder in das Tagwerk der Notwendigkeiten vertreibt, entlässt sie sie auch aus einem gesichtlosen Zustand paradiesischer Unmündigkeit.

Anders als in der Sage kehren diese paradiesischen Zustände in Köln periodisch für eine kurze Zeit wieder. Denn der Karneval bietet einen Abglanz des verlorenen Sehnsuchtszustandes, bevor er dann auf Jahresewigkeit wieder verloren geht: Zu Beginn des Karnevals ergreifen die Mütter als alte Weiber die Macht und erobern das Rathaus. Den Vätern werden in einem symbolischen Kastrationsakt ihre Krawatten abgeschnitten. Die alten Versorgungsverhältnisse stellen sich wieder ein: Unablässig und ohne großen Aufwand werden Durst und Hunger gestillt. Im beschwingten Schunkeln wird das beruhigende Wiegen der Mütter wieder lebendig. Und in diesem Versorgungsrahmen werden die kindlichen Verwandlungsträume und Maskenspiele konsequenzlos ausagiert.

Durch seine nie versiegende Sehnsucht nach dem verlorenen Paradies erhält der Kölner eine tragische Schicksalsweisheit. Er weiß um die Vergeblichkeit und Vergänglichkeit der menschlichen Glücksbemühungen. Er begegnet daher dem Leben nicht mit naivem und unverfänglichem Gott-

vertrauen. Tod, Verlust und Unwiederbringlichkeit gehören zu seinen Daseinserfahrungen. Und er baut diese leidvollen Erfahrungen zu einer eigenen Form von Religiosität um. Er glaubt fest an die Wiederkehr des verlorenen Paradieses. Seine gelebte Alltagsreligion hat weniger den universellen und offiziellen Gott als Sehnsuchtsziel vor Augen, sondern einen privaten kindlich-unbeschwerten Glückszustand, der durch mütterliche Liebe und Geborgenheit entsteht. Der ersehnte selige Zustand folgt nicht dem machtvollen Gottesbild einer vollendeten Schöpfung. Er ist vielmehr ein Kinderzustand des ewigen Werdens. Das Jesuskind, das Herrgöttchen mit seiner Krippe (welche ja durchaus als Vorläufer der Kaffeebud gelten kann) ist ihm näher als der Gottvater.

Darum passen auch die Heiligen Drei Könige so hervorragend zu Köln, denn sie haben den Erlöser in Kindesgestalt angebetet. Die Krippe mit dem Jesuskind, das in der provisorischen Wiege mit der Weltkugel spielt, im Hintergrund die erfahrene, weit gereiste Weisheit der Heiligen Drei Könige – das ist vielleicht das treffendste Sinnbild für die kunstvolle Lebenshaltung der Kölner. Denn der Kölner kann zwei widersprüchliche Positionen einnehmen: Er kann zugleich Kind und König sein. Er kann der Welt mit einer erwachsenen, mündigen und königlichen Haltung begegnen. Er kann als weltlicher König residieren, aber er ist auch bereit, „op Heim an [zo] schwenke" und zur Wiege seines Glückes zurückzukehren, wenn er den Sehnsuchtsstern vor Augen hat. Ein König, der bereit ist, umzukehren und zu werden wie die Kinder. Denn er hat sich in seiner Sehnsucht eine kindliche, unbeschwerte Perspektive auf die Welt erhalten. Neugierig und respektlos wagt er es, alles Selbstverständliche zu hinterfragen. Er bewahrt sich den Mut davon zu träumen, der Nabel der Welt zu sein und in religiösem Trotz an der Unzerstörbarkeit seiner Paradiessehnsucht festzuhalten.

Auch wenn sie sich manchmal nur noch mit Humor aufrechterhalten lässt: Als Tünnes damit konfrontiert wird, dass im Schrein der Heiligen Drei Könige nur Kinderköpfe liegen, schlussfolgert er kurzerhand: „Das sind vielleicht die Köpfe von den Heiligen Drei Königen, als sie noch klein waren."

Literaturverzeichnis

Becker, Jürgen/Stankowski, Martin: *Biotop für Bekloppte.*
6. Aufl. Köln 2003

Beikircher, Konrad: *Et kütt wie't kütt. Das rheinische
Grundgesetz.* 10. Aufl. Köln 2007

Bennack, Jürgen (Hg.): *Kölner Mentalität. Wie mer esu
woodte wie mer hück sin.* Köln 2005

Bennack, Jürgen/Uhlenbruck, Gerhard:
Humor als kölsche Philosophie. 3. Aufl. Köln 2004

Blothner, Dirk: *Erlebniswelt Kino. Über die unbewusste
Wirkung des Films.* Bergisch Gladbach 1999

Derselbe: *Das geheime Drehbuch des Lebens. Kino als Spiegel
der menschlichen Seele.* Bergisch Gladbach 2003

Blothner, Dirk/Grünewald, Stephan (Hg.):
*Kulturschicksale – Millenium. Kulturpsychologische
Analysen zur Jahrtausendwende.* Bonn 1999

Dammer, Ingo/Franzkowiak, Peter (Hg.): *Lebensentwurf
und Verwandlung. Ein kulturwissenschaftlicher Blick auf
das Verhältnis von Lebens-Geschichte und Gesundheit.*
Bonn 1998

De Nuys, Christian: *2000 Jahre Köln.* Erfurt 2001

Devereux, Georges: *Normal und anormal. Aufsätze zur
allgemeinen Ethnopsychiatrie.* Frankfurt am Main 1982

Elias, Norbert: *Über den Prozeß der Zivilisation.*
Frankfurt am Main 1976

Foucault, Michel: *Wahnsinn und Gesellschaft.*
Frankfurt am Main 1973

Freud, Anna: *Das Ich und die Abwehrmechanismen.*
München 1973

Freud, Sigmund: *Das Unbehagen in der Kultur.*
In: Ges. Werke XIV. Frankfurt am Main 1999

Derselbe: *Der Humor.* In: Ges. Werke XIV.
Frankfurt am Main 1999

Friedell, Egon: *Kulturgeschichte der Neuzeit.*
Bd. 1. 13. Aufl. München 1999

Goethe, Johann Wolfgang: *Faust. Erster und zweiter Teil.*
München 1997

Gohrbandt, Elisabeth/Jansen, Heiner/Ritter, Gert/Weiss,
Günther/Wiktorin, Dorothea: *Köln – Spaziergänge auf
historischen Spuren.* Köln 2005

Grünewald, Stephan: *Deutschland auf der Couch.*
Eine Gesellschaft zwischen Stillstand und Leidenschaft.
München 2007

Heubach, Friedrich W.: *Das bedingte Leben.*
2. Aufl. München 1996

Imgrund, Bernd: *Kölner Sammelsurium.* Köln 2006

Kinder- und Hausmärchen. Gesammelt durch die Brüder
Grimm. München 1984

Lützeler, Heinrich: *Rheinischer Humor. Nicht nur für
Rheinländer.* Hanau/Main 1978

Oelsner, Wolfgang/Rakoczy, Csaba P.: *Goethe und die
Narren. Vom Römischen Carneval zum Kölner Karneval.*
Köln 1999

Plum, Yvonne: *Kölner Sagen & Geschichten.*
3. Aufl. Köln 2004

Poppinga, Anneliese: *Meine Erinnerungen an
Konrad Adenauer.* Stuttgart 1970

Salber, Wilhelm: *Wirkungseinheiten.* Köln 1981

Derselbe: *Der Alltag ist nicht grau.* Bonn 1989

Derselbe: *Seelenrevolution.* Bonn 1993

Derselbe: *Märchenanalyse.* 2., erw. Aufl. Bonn 1999
Derselbe: *Sigmund und Anna Freud.* Hamburg 1999
Szymkowiak, Frank/Dammer, Ingo: *Die Gruppendiskussion in der Marktforschung.* Opladen 1998
Überall, Frank: *Der Klüngel in der politischen Kultur Kölns.* 3., verb. Aufl. Bonn 2008
Winter, Ingelore M.: *Der unbekannte Adenauer.* Düsseldorf/Köln 1976
Wrede, Adam: *Neuer kölnischer Sprachschatz.* 11. Aufl. Köln 1993

Fachpublikationen

Blothner, Dirk: *Vom alltäglichen Glück.* In: Zwischenschritte 1/88. Bonn 1988
Dilthey, Wilhelm: *Ideen über eine beschreibende und zergliedernde Psychologie.* In: Ges. Schriften. Bd. 5. Stuttgart 1964
Grünewald, Stephan: *Der Psychologe als Kulturforscher.* In: Zwischenschritte 2/92. Bonn 1992
Derselbe: *Seele und Seligkeit der Kölner – Zur Morphologie der kölschen Eigenart.* In: Zwischenschritte 1/94. Bonn 1994
Derselbe: *Qualitätskriterium: Psychologische Repräsentativität.* In: Planung & Analyse 2/98. Frankfurt am Main 1998
Derselbe: *Welchen Service wünschen Kunden wirklich?* In: Kundenparadies Deutschland. Hrsg. von Heiner Spalink. Berlin 2004

Danke

Dieses Buch über Köln ist nicht über Nacht mithilfe der Heinzelmännchen entstanden, sondern während eines vierwöchigen Urlaubs. Vor allem vor und nach einem beinahe rauschhaften Schaffensprozess haben fünf psychologische Schutzengel das Projekt aufmerksam begleitet. Zuerst möchte ich mich bei meiner Frau Katharina bedanken für die tägliche Extraportion Kritik, Anregung oder Ermutigung während der Schreibphase. Professor Wilhelm Salber danke ich vor allem für seine Anregungen zur Märchenkonstruktion des Rumpelstilzchen. Frau Dr. Gisela Rascher hat aus ihrem therapeutischen Erfahrungsschatz viele Einsichten zur Kölner Eigenart beigesteuert. Mein rheingold-Partner Heinz Grüne hat vor allem durch seine Fußball-Expertise das Buch bereichert.

Dr. Wolfram Domke gilt mein besonderer Dank, weil er als Leiter der rheingold-Akademie im Frühjahr mit vielen rheingold-Psychologen eine Eigenstudie zur „Seele Kölns" durchgeführt hat, auf der große Teile des Buches basieren. Ein großer Dank gilt auch dem Team der rheingold-Psychologen, die an dieser mitgewirkt haben: Sabine Brandner, Thomas Bruns, Monika Incani, Andrea Krause, Florencina Lombardo, Katrin Müller, Martin Müller, Larissa Pekart, Andreas Pieper, Jürgen Potthof, Meike Raabe, Maria Reinke, Susanne Schwertfeger, Bärbel Skiba, Antje Stollenwerk und Michael Weinand.

Bedanken möchte ich mich auch bei Carmen Strzelecki für die liebevolle Erstellung der wundervollen Grafiken und bei Renate Maidhof für ihre kenntnisreiche und gründliche Schlussredaktion. Besonders hervorheben möchte ich Traudl Bünger von der lit. COLOGNE, die mich erst auf die Idee gebracht hat, „Köln auf der Couch" zu schreiben. Sie hat die Manuskriptentwicklung mit kritischem Zuspruch, weisen sprachlich-konzeptionellen Eingriffen und charmanter Stringenz auf das Produktivste begleitet.

Der Autor
Stephan Grünewald, geboren 1960 in Mönchengladbach, studierte
Psychologie an der Universität Köln und ist Mitbegründer des *rheingold*-
Institutes für Markt- und Medienanalyse. Er schrieb zahlreiche Artikel
und Beiträge über Jugend und Kultur, Lebensalltag und Werbewirkung,
2006 legte er den Bestseller „Deutschland auf der Couch" vor.

Die Illustratorin
Carmen Strzelecki, geboren 1973 in Lörrach, lebt und arbeitet als
freischaffende Illustratorin und Grafikerin in Köln.

3. Auflage 2009

© 2008 Verlag Kiepenheuer & Witsch, Köln –
Lizenzgeber: Labonté Köhler Osnowski Verlagsgesellschaft mbH, Köln
Alle Rechte vorbehalten. Kein Teil des Werkes darf in irgendeiner Form
(durch Fotografie, Mikrofilm oder ein anderes Verfahren) ohne schriftliche
Genehmigung des Verlages reproduziert oder unter Verwendung elektro-
nischer Systeme verarbeitet, vervielfältigt oder verbreitet werden.

Illustrationen: © Carmen Stzrelecki, Köln
Lektorat: Traudl Bünger, Köln
Umschlaggestaltung, Satz und Layout: Carmen Strzelecki, Köln
Druck und Bindearbeiten: CPI – Ebner & Spiegel, Ulm
ISBN 978-3-462-03814-9

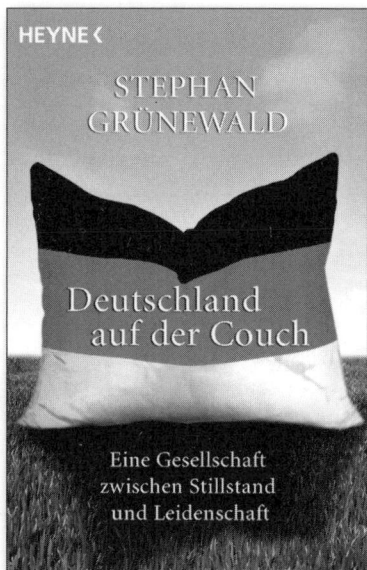